westermann

AF196591

PASSWORT
LUPE

**Erarbeitet von**
Olesia Belenko
Ursula Emanuel
Marie-Claire Kirchhoff
Kerstin Schöning
Katharina Strick

**Unter wissenschaftlicher Beratung von**
Prof. Dr. Tabea Becker

**Illustriert von**
Cesare Asaro
Matthias Berghahn
Zapf

2
Sprachbuch

# INHALT

# INHALT

› Kompetenzen der Seite

› Verweis zum Arbeitsheft
› Verweis auf Erklärvideos ▶️
› Impulse zur Medienbildung 📱

Das sind wir ...

Hallo, ich bin Umut!
Ich erzähle voll gern Geschichten –
besonders über unsere Detektivabenteuer.
Unsere Fälle sind nämlich
oft richtig cool!

Hallo, ich heiße Lulu.
Meine Hobbys sind
Malen und Judo.
Außerdem macht es mir Spaß,
spannende Rätsel zu lösen
und Neues zu entdecken.

Ich heiße Elsa.
Mein kleiner Hund Uno
folgt mir auf Schritt
und Tritt – außer wenn
ich in die Schule gehe.
Dann bleibt er natürlich
zu Hause.

Hi, ich bin Paul.
Ich finde gern heraus,
wie Dinge funktionieren.
Das hilft uns auch manchmal
bei unseren Fällen.
Meine allerbeste Freundin
ist meine Hündin Murmel.

# Kapitel 1

## leben – lernen – respektieren

### Paul

Typisch ich:   Tischtennis-Champ
Herrchen von Murmel

### Lulu

Typisch ich:   Juchuuuuu – Judo!
Bücherratte

Wir sind beste Freunde –
und Detektive!

### Elsa

Typisch ich:
Tiere, Tiere, Tiere
Quasseltante (manchmal)

### Umut

Typisch ich:   immer Musik im Ohr
Computer-Checker

**Wir sind die Streitschlichter!**
Wir helfen euch gern. Sprecht uns an.

Name: Baris
Alter: 9 Jahre
Klasse: 3c
Hobbys: Judo,
Gitarre spielen
Meine Stärken: gerecht sein

Name: Tim
Alter: 10 Jahre
Klasse: 4b
Hobbys:
Fußball spielen, klettern
Meine Stärken: zuhören,
nicht nachtragend sein

Name: Thea
Alter: 10 Jahre
Klasse: 4a
Hobbys: reiten,
malen, Karate
Meine Stärken:
Geheimnisse für mich behalten

Name: Lena
Alter: 9 Jahre
Klasse: 3a
Hobbys:
Einrad fahren, lesen
Meine Stärken:
Gespräche führen

**1** Was weißt du über Steckbriefe?
Wo hast du schon einmal welche gesehen?

**2** Welche Vorteile hat ein Steckbrief?
Wofür kann man ihn gut verwenden?

› funktionsangemessen sprechen: erzählen, argumentieren
› nach Anregungen eigene Texte schreiben
› verständlich, strukturiert und adressatengerecht schreiben
› Arbeitsheft, Seite 9, 11

 **1** Was wollen die Detektive tun? Warum?
Tausche dich mit einem Partnerkind aus.

Seite 125

 **2** Was würdest du über dich in einem Steckbrief schreiben?
Schreibe wichtige Wörter auf.

| | | | |
|---|---|---|---|
| der Bruder | die Hose | der Mund | klein |
| die Farbe | groß | der Name | der Rock |
| alt | der Junge | kurz | weiß |
| grau | der Körper | der Mann | schwarz |
| dunkel | die Schwester | die Nase | tragen |

Seite 121

› Beobachtungen wiedergeben
› sprachliche Mittel und Ideen sammeln
› Wortschatz erweitern und selbstständig üben

› Arbeitsheft, Seite 9, 11

 **1** Was erzählt Elsa über sich?
Lies ihre Beschreibung.

Ich heiße Elsa und bin 8 Jahre alt. Ich habe blaue Augen und blonde Zöpfe. Ich trage immer eine grüne Brille. Am liebsten mag ich Mathe und Sachunterricht. Ich liebe Tiere, vor allem meinen Hund Uno. Am meisten freue ich mich, wenn es mittags Gemusesuppe gibt. Wenn ihr jemanden braucht, der auf jede Frage eine Antwort kennt und gute Einfälle hat, dann meldet euch bei mir.

Steckbrief
● Name:
● Alter:
● Augenfarbe:
● Haarfarbe:
● Daran erkennst du mich:
● Lieblingsfach:
● Meine Stärken:
● Lieblingstier:
● Lieblingsessen:

 **2** Schreibe für Umut den Steckbrief über Elsa zu Ende.
Schreibe so:　　　● : Elsa
　　　　　　　　　 ● : 8 Jahre …

› informierenden Text verfassen: Steckbrief
› strukturiert und adressatengerecht schreiben
› Lernergebnisse geordnet festhalten
› Arbeitsheft, Seite 9, 11

 **1** Lies Pauls Beschreibung.

Ich heiße Paul. Ich bin 7 Jahre alt. Mein Opa kocht gern. Ich habe grüne Augen und braune Haare. Heute regnet es stark. Ihr erkennt mich immer sofort an meinem coolen Rollstuhl. Ich bin gut im Rollstuhl-Tischtennis. Im Sachunterricht experimentiere ich gern. Bei schwierigen Fällen gebe ich nicht auf und überlege, bis ich die Lösung gefunden habe. Die Hausaufgaben waren heute sehr schwer. Mit meiner Hündin Murmel übe ich oft Tricks. Am liebsten esse ich Nudeln.

 **2** Welche Angaben sind unwichtig für Pauls Steckbrief? Tausche dich mit einem Partnerkind aus.

 **3** Schreibe einen Steckbrief über Paul.

 : Paul

 : ...

 **4** Schreibe einen Steckbrief über dich.

ACHTUNG ACHTUNG ACHTUNG

**Merkmale von Steckbriefen**
- Einen **Steckbrief** schreibe ich, um mich oder andere kurz vorzustellen.
- In einen Steckbrief trage ich **einzelne Wörter** ein.
- Ich schreibe **geordnet** untereinander.
- Ich notiere nur **wichtige Informationen** zu der Person.

› informierenden Text verfassen: Steckbrief
› Schreibidee entwickeln, planen und aufschreiben
› Lernergebnisse geordnet festhalten

› Arbeitsheft, Seite 9, 11

11

 **1** Finde heraus, was auf dem Plakat steht.
Schreibe die Wörter auf.

 **2** Lies den Rap und probiere aus, ihn zu rappen.

**Detektiv-Rap**

E wie Elsa, U wie Umut,
L wie Lulu, P wie Paul,
wir schau'n in uns're Welt
und niemals sind wir faul.

Im Sommer geh'n wir schwimmen
und schlecken gerne Eis.
Wir lieben leck'res Essen,
egal ob kalt, ob heiß.

Wir sind die Detektive,
schnell und schlau und fit.
Wir toben, rennen, spielen.
Macht doch alle mit!

 **3** Übe den Rap und trage ihn vor.

 **4** Lerne den Rap auswendig.

› Laute erkennen und Buchstaben zuordnen
› (An-)Lautbilder erkennen und nutzen
› mit Sprache spielerisch umgehen
› Arbeitsheft, Seite 12

 **1** Lies die Namen der Detektive.
Sprich deutlich in Silben.

Umut   Elsa   Lulu   Murmel   Uno

 **2** Schreibe die Namen auf. Kreise die Silbenkerne ein.

 **3** Überlege: Welcher Silbenkern fehlt?

Die Silbenkerne heißen auch Vokale.
Mit diesem Spruch
kannst du sie dir gut merken:
A – E – I – O – U,
mach den Mund ganz langsam zu!

Achtung:
**au**, **ei** und **eu** sind auch
**ein** Silbenkern!

 **4** Setze passende Silbenkerne ein und schreibe die Wörter auf.
Tipp: Manchmal gibt es mehrere Lösungen.

| T■sche | R■sen | F■der | H■sen |
|--------|-------|-------|-------|
| K■nd   | T■ssen | Qu■lle | M■ter |

---

› Wörter strukturieren: Silben
› in Silben den Vokal/Silbenkern erkennen
› grundlegende sprachliche Begriffe: Silbe, Vokal

› Arbeitsheft, Seite 13
› ▶

 **1** Welche Silbenkerne fehlen? Schreibe die Wörter richtig auf.

| | | |
|---|---|---|
| 🪣 mer | 🦉 le | B🍎nke |
| T🚫ren | M🍯we | 🍊pfel |
| B👁 er | D👁 men | K🍯nige |

 **2** Kreise die Buchstaben ein, die du eingesetzt hast.

 **3** Schreibe die Wörter auf Wortkarten. Setze Silbenbögen
unter die Wörter und kreise die Silbenkerne ein.

| | | | | | |
|---|---|---|---|---|---|
| Freund | Mund | Eimer | Löwe | Nase | Tomate |
| Melone | Häuser | Banane | Tür | Krokodil | Öl |

Auch die Umlaute Ä/ä – Ö/ö – Ü/ü
und die Zwielaute Au/au – Äu/äu – Ei/ei – Eu/eu
sind Silbenkerne!

 **4** Schreibe die Wörter in eine Tabelle. Schreibe so:

| Freund ‿ | Nase ‿‿ | ... ‿‿‿ |
|---|---|---|

 **5** Untersuche die Wörter in der Tabelle. Was fällt dir auf?

ACHTUNG ACHTUNG ACHTUNG

**Das haben wir herausgefunden!**

Wörter bestehen aus **Silben**.
In jeder Silbe steckt ein **Silbenkern**.
Silbenkerne sind Vokale, Umlaute und Zwielaute.

**14**
› Wörter strukturieren: Silben
› in Silben den Silbenkern erkennen
› grundlegende sprachliche Begriffe: Silbe, Umlaut, Zwielaut
› Arbeitsheft, Seite 13
›

**1** Sprich die Wörter. Wie klingt das E/e in diesen Wörtern?

Komisch!
In diesen Wörtern klingt das E/e gar nicht wie am Anfang von .

Vokale können kurz oder lang klingen.
Mein Tipp:
Nutze die Vergleichswörter.

Vergleichswörter für lange Vokale

Seite 123

**2** Lies die Wörter halblaut.

| Hase | Ball | Bagger | Affe | Wale |
| Teller | Treppe | Feder | Besen | Regen |
| Ziege | Kinder | Biene | Spinne | Tiere |
| Glocke | Sonne | Krone | Vogel | Hose |
| Nuss | Kuchen | Puppe | Nudel | Tunnel |

**3** Entscheide dich: Hört sich der markierte Vokal lang an?
Dann schreibe das Wort auf. Schreibe so: Ameise: Hase, ...

ACHTUNG     ACHTUNG     ACHTUNG

Das haben wir herausgefunden!

Ich schreibe den gleichen Buchstaben, auch wenn der Vokal **verschieden** klingt:
Hase, Kasten, Bagger

› Unterschiede von gesprochener und geschriebener Sprache kennen
› ähnlich klingende Laute unterscheiden

› Arbeitsheft, Seite 14

**1** So ein Durcheinander ...
Bringe die Abschnitte des Abc
in die richtige Reihenfolge.

FGHIJ          ABCDE          KLMNOP

VWXYZ          QuRSTU

**2** Uno hat einige Buchstaben verloren.
Kannst du sie herausfinden?
Am Ende erhältst du ein Lösungswort.

NO◻          ◻BCD          T◻VW          IJK◻

**3** Schreibe ab. Setze die fehlenden Buchstaben ein.

H◻J◻    ef◻    ◻P◻R◻    ◻WX    r◻t◻v    ◻◻n◻p

**ACHTUNG        ACHTUNG        ACHTUNG**

*Das haben wir herausgefunden!*

Buchstaben sind oft nach dem **Abc** (Alphabet)
geordnet. Die **Vokale** sind a, e, i, o, u.
Die anderen Buchstaben heißen **Konsonanten**.

› Alphabet als Ordnungssystem kennenlernen
› mit Sprache spielerisch umgehen
› grundlegende sprachliche Begriffe: Aphabet, Abc

› Arbeitsheft, Seite 15

**1** Ordne die Wörter nach dem Abc. Schreibe sie geordnet auf und kreise die Anfangsbuchstaben ein.

Banane

Floh

Elefant

Ampel

Dino

Computer

**2** Schreibe die Wörter auf Karten.
Kreise den Anfangsbuchstaben ein.

**3** Ordne die Wörter nach dem Abc.

Wenn du nicht sicher bist, wie ein Wort geschrieben wird, schlage in der Wörterliste nach.

Seite 122

**4** Tausche dich mit einem Partnerkind aus.
Wie könnt ihr Elsa und Lulu helfen?

Beide Wörter haben ein E am Anfang.
Wie sollen wir diese Wörter ordnen?

Schau doch in der Wörterliste nach.
Wie sind die Wörter dort geordnet?

Elefant

Esel

› Alphabet als Ordnungssystem nutzen
› Wörter ordnen und überprüfen
› grundlegende sprachliche Begriffe: Aphabet, Abc

› Arbeitsheft, Seite 16, 17

17

**1** Sprich die Wörter deutlich und schwinge sie.

**2** Schreibe die Wörter auf. Setze Silbenbögen.

**3** Tausche dich mit einem Partnerkind aus:
Warum hilft das Schwingen beim Schreiben von Wörtern?

**4** Finde die Wortgrenzen. Schreibe die Wörter ab.
Setze Silbenbögen.

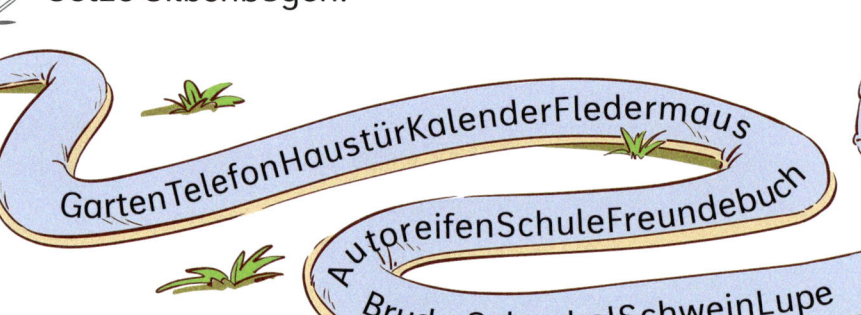

GartenTelefonHaustürKalenderFledermaus
AutoreifenSchuleFreundebuch
BruderSchnabelSchweinLupe

ACHTUNG     ACHTUNG     ACHTUNG

**so gehen wir vor:**
Wenn ich ein Wort **aufschreiben** will,
dann spreche ich **langsam** und **in Silben**.
Dann kann ich oft alle Laute **hören**.

› Rechtschreibstrategien verwenden: Schwingen, Mitsprechen
› Wörter in Sprechsilben gliedern
› Rechtschreibgespür entwickeln

› Arbeitsheft, Seite 18, 19
› ▶

Aber ich höre doch kein **e**.

Aber du weißt doch: Jede Silbe braucht einen Silbenkern.

Du musst auf das **versteckte e** in der zweiten Silbe achten!

Blu m en

**1** Sprich die Wörter in Silben und schreibe sie auf.

Setze Silbenbögen und kreise das versteckte **e** ein.

**2** Setze die Silben zu Wörtern zusammen.

Schreibe so: Wür fel, ...

| Wür | Ro | Be |
|-----|-----|-----|
| Klin | Stu | Ta |

| sen | fel | fen |
|-----|-----|-----|
| sen | fel | gel |

**3** Vorsicht Falle! Auch bei diesen Wörtern versteckt sich ein **e**,

zusammen mit dem **r** klingt es aber wie ein **a**!

Schreibe so: Mau er, ...

**4** Finde weitere Wörter mit verstecktem **e**.

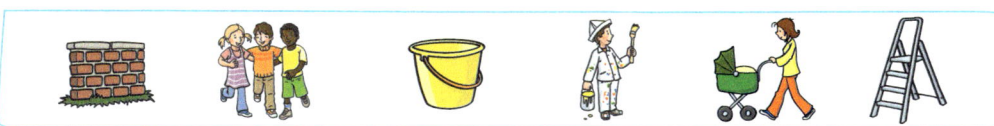

› Rechtschreibstrategien verwenden: Schwingen
› grammatisches Wissen für Rechtschreibung nutzen: -en, -el, -er
› Rechtschreibgespür entwickeln

› Arbeitsheft, Seite 18, 19
› ▶

19

**1** Setze die Silben zu Wörtern zusammen.

| Ba | na | tin |
| To | be | korb |
| Fahr | bo | nest |
| Vo | ma | ne |
| Kle | rad | te |
| Post | gel | stift |

**2** Schreibe die Wörter auf.

Setze Silbenbögen.

**3** Schreibe die Wörtertreppen ab.

Haus          Streit
Haustür          Streitschlichter
Haustürschlüssel          Streitschlichterausweis
Haustürschlüsselband

Schüler
Schülersitz
Schülersitzplatz
Schülersitzplatzveränderung

**4** Überlege dir eine eigene Wörtertreppe.

20

› mit Sprache experimentell und spielerisch umgehen          › Arbeitsheft, Seite 20
› Silben zusammensetzen und Wörter bilden          ›
› Möglichkeiten der Wortbildung kennen

**1** Lies den Text.

Auf dem Schulhof
Umut und Lulu stehen in der Pause auf dem Schulhof.
Sie sehen zwei streitende Kinder. Die beiden streiten sich
um die Schaukel. Eine Lehrerin geht zu den beiden Kindern
und redet mit ihnen. Sie geben sich die Hände
und wechseln sich nun ab.

**2** Schreibe den Text ab.
Sprich die Wörter dabei deutlich mit.

Seite 119

Schokolade   Versprechen   Freundschaft

Detektive   Abenteuer   Hobbys   Freunde

**3** Schreibt lange Wörter auf die Karten. Setzt Silbenbögen.
Die Wörter sollten unterschiedlich viele Silben haben.

**4** Schreibt Plakate und ordnet eure Wörter zu.

› methodisch sinnvoll abschreiben
› Wörter sammeln und ordnen
› mit Sprache experimentell und spielerisch umgehen
› Arbeitsheft, Seite 21

21

**1** Was ist an den Steckbriefen von Lulu und Umut gut gelungen? Was ist falsch? Tausche dich mit einem Partnerkind aus.

Ich heiße Lulu und bin ...

Mein Name ist Umut. Ich bin ...

**Steckbrief**
- Lieblingsessen:
- Alter: <u>8 Jahre</u>
- Augenfarbe: <u>schwarz</u>
- Haarfarbe: <u>schwarz</u>
- Daran erkennst du mich:
- Lieblingsfach: <u>Deutsch</u>
- Meine Stärken:
  <u>Judo, malen, Rätsel lösen</u>
- Lieblingstier:
- Name: <u>Lulu</u>

**Steckbrief**
- Name: <u>8 Jahre</u>
- Alter: <u>anderen helfen, Geschichten erzählen</u>
- Augenfarbe: <u>singen, Musik hören</u>
- Haarfarbe: <u>an der Unordnung um mich herum</u>
- Daran erkennst du mich: <u>mit Computern umgehen</u>
- Lieblingsfach:
- Meine Stärken:
- Lieblingstier: <u>Sport und Musik</u>
- Lieblingsessen: <u>Köfte und Salat</u>

**2** Entscheide dich für einen Steckbrief und schreibe ihn verbessert auf.
Schreibe so:  ⬤ : Lulu
  ⬤ : 8 Jahre

Steckbrief
- Name: ...............
- Alter: ...............
- Augenfarbe: ...............
- Haarfarbe: ...............
- Daran erkennst du mich: ...............
- Lieblingsfach: ...............
- Meine Stärken: ...............
- Lieblingstier: ...............
- Lieblingsessen: ...............

› Texte an der Schreibaufgabe überprüfen
› Texte überarbeiten
› Texte zweckmäßig und übersichtlich gestalten

› Arbeitsheft, Seite 22

22

 **1** Wie geht das Spiel? Erkläre.

Gesucht wird
ein Junge.

Er ist 8 Jahre alt.

Er backt gern
und spielt Fußball.

**Es ist Lars!**

 **2** Schreibe einen Steckbrief zu einem Kind in deiner Klasse.
Lasse den Namen weg.

**3** Bereite das Spiel vor und überlege dir eine gute Reihenfolge
für den Steckbrief. Das Spiel soll möglichst lange dauern. Seite 126

 **4** Spielt gemeinsam in der Klasse das Spiel.
Lest eure Steckbriefe vor.

› Schreibergebnis nutzen und präsentieren       › Arbeitsheft, Seite 22
› Perspektiven einnehmen
› gemeinsam entwickelte Regeln beachten

# UNTER DER LUPE

 **1** Lies den Lupentext.

> Der kleine Wal sucht einen Freund. Er fragt zuerst die ==Robbe==. Aber die hat keine Zeit. Der Hummer und die kleine ==Muschel== möchten lieber ==schlafen==. Schließlich fragt er den dicken Kugelfisch, ob er Zeit hat zu ==jagen==. Zusammen schwimmen sie den kleinen Fischen hinterher. Das macht Spaß.

Seite 121

Seite 124

 **2** Führt ein Lerngespräch: Achtet auf die markierten Wörter. Warum sind diese Wörter schwierig zu schreiben?

 **3** Setze die Silbenbögen und kreise die Silbenkerne ein.

| Kugel | schlafen | kleinen |

 **4** Finde Reimwörter mit **K**, **S**, **Br** und **N**.   | Hummer |

 **5** Schreibe die Tiere aus dem Text nach dem Abc geordnet auf.

 **6** Elsa hat drei Wörter falsch eingeordnet.
Finde sie und schreibe die Tabelle richtig auf.

| langer Vokal | kurzer Vokal |
| --- | --- |
| Zwiebel | Nase |
| Regen | Teller |
| Wald | Spinne |
| Vogel | Sofa |

› Übungsformen selbstständig nutzen
› über Fehlersensibilität und Rechtschreibgespür verfügen
› an Wörtern und Texten arbeiten

› Arbeitsheft, Seite 23, 24

**1** Finde die Fehler. Schreibe die Wörter richtig auf.

| schlafn | denkn | jagn | schwimmn | essn | suchn |

**2** Sprich die Wörter deutlich und schreibe sie auf.
Kontrolliere mit der Wörterliste.

Seite 122

**3** Schreibe die Wörter ab. Setze Silbenbögen.
Unterstreiche das Wort mit den meisten Silben.

| Kinderfahrradsattel | Vollmilchschokoladentafel |
|---|---|
| Tischtennisschlägergriff | Schulbusparkplatzhinweisschild |

**4** Schreibe die Wörter auf. Überprüfe mit der Wörterliste.

Seite 122

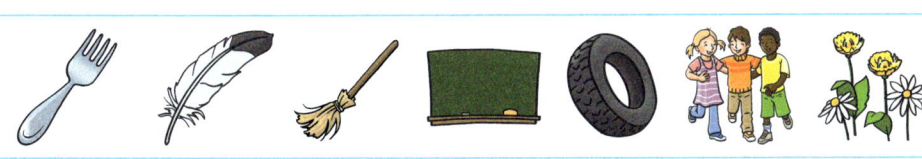

**5** Wähle drei Wörter aus dem Kasten aus
und nimm sie unter die Lupe.
Schreibe alles auf, was du zu den Wörtern weißt.

Seite 123

| Freund | kleinen | fragt | schwimmen | Wal | Fische |

› Rechtschreib- und Grammatikwissen anwenden
› Begründungen und Erklärungen geben
› grundlegende sprachliche Begriffe und Strukturen kennen

› Arbeitsheft, Seite 23, 24

25

# Detektivwissen überprüfen

Ich kann jetzt …
Ich habe gelernt, dass …
Ich möchte noch üben …

- einen Steckbrief schreiben
- Silben und Silbenkerne kennen und nutzen
- lange und kurze Vokale unterscheiden

Seite 124

**Ich kenne mich aus
mit Silben und Silbenkernen.**

richtig  falsch

Jedes Wort hat nur eine Silbe.

U  H

In jeder Silbe steckt ein Silbenkern.

!  K

Silbenkerne können nur **a**, **e**, **i**, **o** und **u** sein.

5  /

Jedes Wort hat mindestens
einen Silbenkern.

L  2

**Ich kenne mich aus
mit kurzen und langen Vokalen.**

Jedes Wort hat einen langen Vokal.

P  +

Das Wort **Wolle** hat ein kurzes **o**.

b  )

> über Lernerfahrungen sprechen
> eigenen Lernstand einschätzen und Lernschritte planen
> Lernergebnisse präsentieren

Schaue
zuerst auf
Seite 124!

# Kapitel 2

## essen – bewegen – genießen

Körperteile-Quiz

**Was ist das?**
Es sind daran fünf
einzelne Teile befestigt.
Es ist am Ende des Beines.
Man kann damit laufen.

**Was ist das?**
Es ist rund.
Es wachsen Haare daran.
Man kann damit denken.

**Was ist das?**
Es kann unterschiedliche
Formen haben.
Es ist mitten im Gesicht.
Man kann damit riechen.

B E I N
A
A U G E
C
H ... ... ...

# Rätsel kennenlernen und schreiben

 **1** Lies und vergleiche die Rätsel.
Was fällt dir auf? Was ist gleich?

| | |
|---|---|
| **Was ist das?**<br>Es ist im Gesicht.<br>Es ist rot.<br>Man kann damit sprechen. | **Was ist das?**<br>Es ist rund.<br>Es wachsen Haare daran.<br>Man kann damit denken. |

 **2** Worauf musst du achten, wenn du ein Rätsel schreibst?
Tausche dich mit einem Partnerkind aus.

 **3** Plant und schreibt gemeinsam eine Quizkarte
zu einem Körperteil.
Die Wörter aus der Schatzkiste können euch helfen.

Seite 126

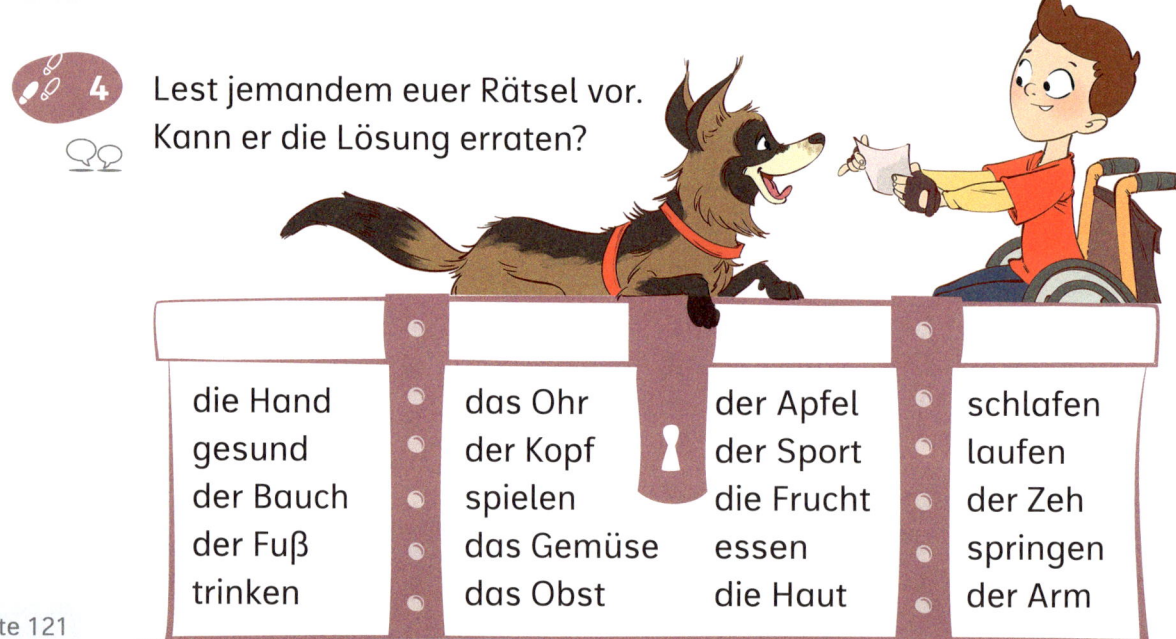

**4** Lest jemandem euer Rätsel vor.
Kann er die Lösung erraten?

| | | | |
|---|---|---|---|
| die Hand<br>gesund<br>der Bauch<br>der Fuß<br>trinken | das Ohr<br>der Kopf<br>spielen<br>das Gemüse<br>das Obst | der Apfel<br>der Sport<br>die Frucht<br>essen<br>die Haut | schlafen<br>laufen<br>der Zeh<br>springen<br>der Arm |

Seite 121

› sprachliche und gestalterische Mittel sammeln
› funktionsgerecht schreiben: Rätsel
› Formulierungen und Textmodelle nutzen
› Arbeitsheft, Seite 25

# Rätsel kennen und überarbeiten

 **1** Sieh dir die Quizkarten genau an.
Was ist bei diesen Rätseln nicht gelungen?

> **Was ist das?**
> Es ist dünn.
> Es ist hautfarben.
> Man kann damit etwas machen.

> **Was ist das?**
> Man kann damit sehen.
> Es gibt zwei davon.
> Es ist im Gesicht.

> **Was ist das?**
> Es ist groß.
> Man kann es bewegen.
> Es ist lang oder kurz.

 **2** Überprüft eure Quizkarten:
• Wird am Anfang nicht zu viel verraten?
• Helfen alle Sätze zusammen, das Rätsel zu lösen?

 **3** Verbessert eure Quizkarten.

 **4** Schreibe ein eigenes Rätsel.

ACHTUNG ACHTUNG ACHTUNG

**Merkmale von Rätseln**

■ Rätsel dürfen am Anfang nicht zu viel verraten.
■ Mit jedem Satz beschreiben wir die **Lösung** etwas genauer.
■ Alle Sätze zusammen helfen, das Rätsel zu **lösen**.

 **1** Schreibe die Wörter auf Karten und lege Wörter, die zusammengehören, in die richtige Reihenfolge.

und | Körper | Finger. | meinem | hat | An

essen | ich | Hand | fünf | Mein

meiner | sind | kann | Mit

trinken. | verschiedene | Körperteile. | Mund

 **2** Schreibe die Purzelsätze richtig auf.

**3** Schaut euch die Satzanfänge und die Satzenden an. Was haben alle drei Sätze gemeinsam?

 **4** Was kann dein Körper? Schreibe Sätze auf.

**5** Kreise die Satzanfänge und die Punkte ein.

ACHTUNG    ACHTUNG    ACHTUNG

**Das haben wir herausgefunden!**

**Merkmale von Sätzen**
Das erste Wort im Satz beginnt
mit einem **großen Buchstaben**.
Ein Satz endet mit einem **Satzschlusszeichen**.
Das ist oft ein **Punkt**:
Uno frisst gern Hundekekse.

› Struktur eines Satzes erkennen
› Satzschlusszeichen kennenlernen
› grundlegende sprachliche Begriffe kennen: Satz, Punkt

› Arbeitsheft, Seite 28
›

 **1** Lies den Text halblaut.
An welchen Stellen machst du beim Lesen eine kleine Pause?

Seite 123

> ich heiße Marie Müller seit fünf Jahren spiele ich in einem Handballballverein Sport macht mir viel Spaß dreimal in der Woche gehe ich in die Sporthalle Handball hält meinen ganzen Körper fit aber ich muss mich auch gesund ernähren

 **2** Schreibe den Text ab.

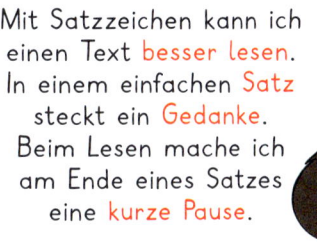

Mit Satzzeichen kann ich einen Text besser lesen. In einem einfachen Satz steckt ein Gedanke. Beim Lesen mache ich am Ende eines Satzes eine kurze Pause.

 **3** Setze Punkte am Satzende.
Verbessere die Satzanfänge.

**4** Kreise Satzanfänge und Punkte ein.
Vergleicht eure Ergebnisse.
Erkläre, wie du vorgegangen bist.

 **5** Lies den Text halblaut.
Mache nach jedem neuen Gedanken eine kurze Pause.

> der berühmte Stürmer Moritz Fleck hat sich verletzt am Bein hat er eine große Wunde mit dieser Verletzung spielt er am Samstag nicht seine Mannschaft ist darum sehr ärgerlich

Da stimmt doch etwas nicht!

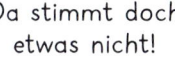

 **6** Schreibe den Text auf. Setze Punkte und verbessere die Satzanfänge:
Der berühmte Stürmer ...

 **1** Spielt die Situation auf dem Bild nach.

Wie viele Tore hast du schon geschossen?

Wann warst du das letzte Mal verletzt?

Wie oft trainierst du?

Seit wann spielst du Fußball?

Auf welcher Position spielst du am liebsten?

 **2** Untersuche die Sätze in den Sprechblasen.
Beachte das Satzende. Was haben alle Sätze gemeinsam?

 **3** Schreibe die Sätze auf. Setze die Fragewörter ein.

Wann steht Marie morgens auf? ...

| | |
|---|---|
| ■ steht Marie morgens auf? | |
| ■ isst Marie zum Frühstück? | Wann? |
| ■ geht Marie nach dem Frühstück? | Was? |
| ■ isst Marie zu Mittag? | Wohin? |
| ■ spielt mit Marie Handball? | Wer? |
| ■ geht Marie schlafen? | |

 **4** Schreibe Fragen an ein anderes Kind auf.
Achte auf das Fragezeichen am Satzende.

**ACHTUNG** **ACHTUNG** **ACHTUNG**

Das haben wir herausgefunden!

**Merkmale von Sätzen**
Ein Fragesatz endet mit einem **Fragezeichen**.
Was isst Lulu am liebsten?
Wohin fährt Umut mit dem Fahrrad?

› unterschiedliche Satzarten erkennen
› Satzschlusszeichen setzen: Fragezeichen
› sprachliche Begriffe kennen: Fragesatz, Fragezeichen

› Arbeitsheft, Seite 31
›

 **1** Was rufen die Männer? Untersuche die Sprechblasen.
Was haben alle Sätze gemeinsam? Beachte auch das Satzende.

Super!

Hilfe!

Oh nein!

Prima!

Tolle Aktion!

 **2** Was fordert der Trainer? Untersuche die Sprechblasen.
Was haben alle Sätze gemeinsam? Beachte auch das Satzende.

Gib den Ball
endlich ab!

Lauf
schneller!

Schieß den Ball
auf die andere Seite!

Schau dich
um!

 **3** Schreibe eigene Sätze.
Was **rufen** die Leute auf dem Sportplatz den Sportlern zu?
Was **fordert** der Trainer von seinen Sportlern?
Achte auf das Ausrufezeichen am Satzende.

ACHTUNG ACHTUNG ACHTUNG

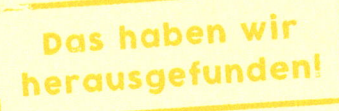
Das haben wir herausgefunden!

**Merkmale von Sätzen**
Am Ende eines Satzes, den jemand mit Nachdruck
sagt, kann ein **Ausrufezeichen** stehen.
Dann ist es ein Ausruf oder eine Aufforderung.
Oh nein! Juhu! Kommt mit! Bleib hier!

› unterschiedliche Satzarten erkennen
› Satzschlusszeichen setzen: Ausrufezeichen
› sprachliche Begriffe kennen: Ausruf, Aufforderung

› Arbeitsheft, Seite 31
›

33

**1** Lies den Text halblaut.

Seite 123

Marc geht mit seinem Vater und seinem Bruder
ins Schwimmbad ▌ Zuerst muss er sich umziehen
und sich duschen ▌ Endlich ▌ Jetzt darf er
ins Wasser springen ▌ Er schwimmt mit seinem Bruder
um die Wette    Schwimm schneller ▌ Warum will Marc
vom Drei-Meter-Brett springen ▌ Marc ist mutig ▌
Er klettert den Turm hinauf ▌ Spring ▌
Marc landet stolz im Wasser ▌ Nach einiger Zeit
ist Marc müde und geht mit seiner Familie
wieder nach Hause ▌ Wann gehen wir wieder
ins Schwimmbad ▌

**2** Entscheide, welche Satzschlusszeichen du brauchst.

**3** Schreibe die Sätze mit Satzschlusszeichen auf.

**4** Auch die Detektive sind im Schwimmbad.
Was tun sie dort? Schreibe Sätze.

**5** 

Lest euch eure Sätze gegenseitig vor.

› Funktion unterschiedlicher Satzarten nutzen
und passende Satzschlusszeichen setzen
› Sätze bilden und Satzschlusszeichen ergänzen

› Arbeitsheft, Seite 31
› ▶

 **1** Lies das Gespräch zwischen Marc und seiner Mutter.

Wo warst du denn

Ich war im Schwimmbad
Voll super da
Stell dir vor, was ich mich
getraut habe

Erzähle mal

Ich bin vom Drei-Meter-Brett
gesprungen

Toll
Das war sehr mutig von dir
Was hat Papa dazu gesagt

Papa war stolz auf mich
Morgen musst du ins Schwimmbad
mitkommen

Oh ja

 **2** Spielt das Gespräch.
Probiert aus, wie ihr die Sätze betonen wollt.

 **3** Schreibe die Sätze mit Satzschlusszeichen auf.

 **4** Was rufen oder fragen die Menschen? Schreibe Sätze auf.
Tausche dich mit einem Partnerkind aus.

Seite 125

---

› Funktion unterschiedlicher Satzarten nutzen
  und passende Satzschlusszeichen setzen
› Sätze bilden und Satzschlusszeichen ergänzen

› Arbeitsheft, Seite 31
› ▶

 **1** Worüber denken die Detektive nach?

Wie schreibt man ⊙ am Ende?

Also, ich höre ein t.

Manche Wörter werden anders geschrieben, als man sie hört.

Wenn ich nicht weiß, wie ein Wort am Ende geschrieben wird, verlängere ich es. Dann kann ich den letzten Buchstaben hören: ein Rad – viele Räder, also ein Rad mit d.

 **2** Verlängere die unterstrichenen Wörter im Brief.
Schreibe so: viele Räder – ein Rad, viele ...

Hallo, wir machen einen Ausflug und fahren mit dem Rad in den Wald.
Am Abend sind wir zurück. Wir haben den kleinen Hund dabei.
Elsa und Lulu

 **3** Schreibe den Brief der Detektive in dein Heft.
Kreise die Buchstaben ein, die du jetzt gut hören kannst.

 **4** Finde zu den Wörtern die Verlängerung und schreibe sie auf.
Schreibe so: viele Hüte – ein Hut, viele ...

Hudt    Rindt    Hundt    Kindt    Schildt    Brodt

› über Fehlersensibilität verfügen
› Wörter mit Auslautverhärtung richtig schreiben
› Rechtschreibstrategien verwenden: Verlängern
› Arbeitsheft, Seite 32
› ▶

 **1** Hat Paul recht? Probiere aus.

Manche Wörter werden am Ende mit g geschrieben,
obwohl ich ein k höre.
Manche Wörter werden am Ende mit b geschrieben,
obwohl ich ein p höre.
Wenn ich mir nicht sicher bin, verlängere ich diese Wörter.
Dann kann ich den letzten Buchstaben hören.

 **2** Finde zu den Wörtern die Verlängerung
und schreibe sie auf. Schreibe so:
viele Ausflüge – ein Ausflug, viele …

| Ausflu$_k^g$ | Kor$_b^p$ | Rin$_k^g$ | Die$_b^p$ | Köni$_k^g$ | Sie$_b^p$ |

 **3** Finde zu den Wörtern die Verlängerung
und schreibe die Wörter auf. Schreibe so:
viele Burgen – eine Burg, viele …

eine Bur█  ein Urlau█  ein Ber█  ein Sta█  ein Ta█  ein Gra█

ACHTUNG  ACHTUNG  ACHTUNG

so gehen wir vor:

Wenn ich nicht weiß,
wie ein Wort **am Ende** geschrieben wird,
dann suche ich ein **verlängertes Wort**
mit einer gleichen Bedeutung.
Durch das Verlängern
höre ich, was ich schreiben muss.
ein Ra? – viele Räder, also ein Rad

› über Fehlersensibilität verfügen
› Wörter mit Auslautverhärtung richtig schreiben
› Rechtschreibstrategien verwenden: Verlängern

› Arbeitsheft, Seite 32, 33
›

 **1** Lies die Wörter.

| | | | | | |
|---|---|---|---|---|---|
| alt | eng | lieb | krank | rund | plump |
| lang | bunt | stark | wild | klug | gelb |

Auch diese Wörter kann ich verlängern.
Dazu muss ich mir ein Beispiel überlegen
und das Wort auf zwei Silben verlängern.

al**t** → ein al**t**es Auto
lie**b** → eine lie**b**e Katze
kran**k** → eine kran**k**e Frau

run**d** → ein run**d**er Bauch
plum**p** → ein plum**p**er Trick
klu**g** → ein klu**g**es Kind

 **2** Schreibe die Wörter mit einem eigenen Beispiel auf.
Schreibe so: al**t** – eine al**t**es Kleid, en**g** – ...

 **3** Finde Beispiele zu den Wörtern und schreibe sie auf.
Kreise die Buchstaben ein, die du nun gut hören kannst.
Schreibe so: eine gute Idee - gut, ...

gu▮ lau▮ leich▮ en▮ kal▮ wei▮ frem▮ blin▮ tau▮

 **4** Einigt euch auf Spielregeln und spielt das Spiel.
Nutzt die Wörter auf dieser Seite.

alt

ein altes Auto

Da fährt ein altes Auto.

Seite 126

› über Fehlersensibilität verfügen
› Wörter mit Auslautverhärtung richtig schreiben
› Rechtschreibstrategien verwenden: Verlängern

› Arbeitsheft, Seite 33, 34
›

 **1** Arbeite mit einem Partnerkind.

Entscheidet, welcher Buchstabe in die Lücke passt.

Seite 125

Umut, Elsa und Lulu machen einen Ausflu $\frac{g}{k}$ . Sie fahren mit dem Ra $\frac{t}{d}$ durch den Wal $\frac{t}{d}$ . Sie haben einen Kor $\frac{b}{p}$ dabei. Plötzlich liegt ein As $\frac{t}{d}$ auf dem We $\frac{g}{k}$ . Die Kinder halten an und schauen sich um. Es war wohl der Win $\frac{t}{d}$ in der Nach $\frac{t}{d}$ . Am Aben $\frac{t}{d}$ sind die drei Detektive wieder zu Hause.

 **2** Erklärt euch gegenseitig, warum dieser Buchstabe passt.

Erkläre zum Beispiel so:

Ich schreibe das Wort Ausflug am Ende mit g.

Denn, wenn ich das Wort verlängere,

sage ich: viele Ausflüge. Dann höre ich g.

 **3** Schreibe den Text von oben auf.

Seite 119

 **4** Kreise die Buchstaben ein, die du jetzt gut hören kannst.

› über Fehlersensibilität verfügen
› Wörter mit Auslautverhärtung richtig schreiben
› Rechtschreibstrategien verwenden: Verlängern

› Arbeitsheft, Seite 35
›

 **1** Entscheidet euch für ein Thema, zu dem ihr Rätsel schreibt. Erstellt Quizkarten.

| Sportarten | Obst und Gemüse | eine eigene Idee |

Die Merkmale von Rätseln findest du auf Seite 29.

 **2** Legt eine Wortsammlung an.

Seite 128

- Diese Wörter passen zu meinem Thema.
- Zu diesen Wörtern will ich Rätsel für das Quiz schreiben.

 **3** Schreibe Rätsel zu ein bis drei Wörtern.

**Schreibtipps für Quizkarten zum Thema Sport:**
- Was braucht man?
- Wo machst du diesen Sport?
- Welche Körperteile sind wichtig?
- Wie viele Mitspieler braucht man?

**Schreibtipps für Quizkarten zum Thema Obst und Gemüse:**
- Wo wächst das Obst oder Gemüse?
- Wie schmeckt das Obst oder Gemüse?
- Welche Form hat das Obst oder Gemüse?
- Welche Farbe hat das Obst oder Gemüse?

› sprachliche und gestalterische Mittel sammeln
› funktionsgerecht schreiben: Rätsel
› Formulierungen und Textmodelle nutzen

› Arbeitsheft, Seite 36

**1** Lies jedes deiner Rätsel genau. Überprüfe mit der Checkliste.

**Ich habe meine Rätsel geprüft!**

Ich habe die Sätze in einer sinnvollen Reihenfolge angeordnet.

Ich verrate am Anfang nicht zu viel.

Es ist möglich, mit den Sätzen die Lösung zu erraten.

Ich habe alle Satzanfänge großgeschrieben.

Ich habe Satzschlusszeichen gesetzt.

Ich habe auf die Rechtschreibung geachtet.

Wörter mit **t/d**, **k/g**, **p/b** am Ende sind richtig geschrieben.

**2** Schreibe jedes Rätsel auf eine Quizkarte.

Was ist das?

Ich mache den Sport in der Sporthalle.
Ich brauche alle Körperteile.
Ich brauche einen weißen Anzug.
Es ist eine japanische Sportart mit Schlägen und Tritten.

**3** Gestaltet die Karten.

Seite 126

**4** Spielt das Quiz.
Einigt euch vorher auf Regeln.

Der Erste bekommt die Rätselkarte.

Wer die Antwort weiß, darf sie hineinrufen.

Wer am jüngsten ist, zieht die erste Karte und liest sie vor.

**5** Schreibe eine Anleitung für ein Quiz.

› Texte an der Schreibaufgabe überprüfen
› Texte in Bezug auf die äußere und sprachliche Gestaltung hin optimieren

› Arbeitsheft, Seite 36

# UNTER DER LUPE

**1** Lies den Lupentext.

> Gestern haben wir einen Ausflug gemacht. Wir sind mit
> dem Fahrrad in den Wald gefahren. Paul war leider krank.
> Wir hatten in unserem Korb Obst, Saft, Brot und Wurst.
> Es war sonnig. Sollten wir mutig in den See springen?
> Das Wasser war sehr kalt. Am Abend war der Wind stark.
> Es hat heftig geregnet.

Seite 121

**2** Lass dir den Text diktieren oder schreibe ein Schleichdiktat.

**3** Vergleiche deinen Text mit dem Lupentext und verbessere.

**4** Erkläre einem Partnerkind die Wörter.

Ich schreibe …

> Ich schreibe **Brot** am Ende mit **-t**, weil …
> Ich schreibe **Ausflug** am Ende mit **-g**, weil …
> Ich schreibe **Korb** am Ende mit **-b**, weil …

Seite 125

**5** Schreibe die Wörter mit ihrer Verlängerung auf.
Schreibe so: ein Brot – viele …

**6** Finde Verlängerungen für diese Wörter und schreibe so:
mutig – Das mutige Kind springt vom Sprungturm, …

| mutig | sonnig | kalt | stark | heftig | lieb | mild |

---

› Übungsformen selbstständig nutzen
› über Fehlersensibilität und Rechtschreibgespür verfügen
› an Wörtern und Texten arbeiten

› Arbeitsheft, Seite 37

**1** Lies den Text sehr genau und finde die zwölf Fehler.

> ... Zu Hause waren alle nass bis auf das Hemd   Aber        (1)
> meine Mutter war sehr liep.   sie hat aus meinem Schrank      (2)
> Hosen und Hemden für alle Kinder geholt   Wie lustik          (2)
> Umut in meiner bunten Hose ausgesehen hat   Danach            (1)
> haben wir heißen Kakao getrunken   Lecker   Am nächsten       (2)
> Tak konnten wir alle gesunt in die Schule gehen.              (2)
> wann wird es wohl wieder solch einen schönen Tag geben        (2)

**2** Schreibe den Text richtig auf.
Kreise deine Verbesserungen ein.

**3** Hier hat jemand Verlängerungen gefunden.
Erkläre: Welche hilft beim Richtigschreiben, welche nicht?

> Ra?        Rädchen        Räder        Radfahrer

**4** Schwinge die Wörter und schreibe sie mit Silbenbögen auf.
Schreibe so: bun ten, ...

| | | | | |
|---|---|---|---|---|
| b**u**nten | sch**ö**ne | m**u**tige | h**a**ben | T**a**ge |
| H**o**se | K**i**nder | g**e**ben | Sch**u**le | H**e**mden |

**5** Hört sich der markierte Vokal lang an? Nutze für die Vokallänge doch die Vergleichswörter.
Markiere die langen Vokale.

**6** Wähle drei Wörter aus dem Lupentext aus und nimm sie unter die Lupe. Schreibe alles auf, was du zu den Wörtern weißt.

Seite 123

---

› Rechtschreib- und Grammatikwissen anwenden
› Begründungen und Erklärungen geben
› grundlegende sprachliche Begriffe und Strukturen kennen

› Arbeitsheft, Seite 36

43

# Detektivwissen überprüfen

Ich kann jetzt ...

Ich habe gelernt, dass ...

Ich möchte noch üben ...

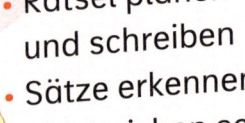

- Rätsel planen und schreiben
- Sätze erkennen und Satzzeichen setzen
- Wörter verlängern

Seite 124

**Ich kenne mich aus mit Sätzen.**

richtig   falsch

Ein Satz beginnt immer
mit einem kleinen Buchstaben.

Ein Fragesatz hat am Ende immer
ein Ausrufezeichen.

Ein Aufforderungssatz endet
mit einem Ausrufezeichen.

**Ich kenne mich aus mit Verlängern.**

Wenn ich am Ende eines Wortes **t** höre,
muss ich immer **t** schreiben.

Wenn ich am Ende eines Wortes **k** höre,
verlängere ich es.

Wenn ich am Ende eines Wortes **p** höre,
schreibe ich immer **b**.

Schaue zuerst auf Seite 124!

> über Lernerfahrungen sprechen
> eigenen Lernstand einschätzen und Lernschritte planen
> Lernergebnisse präsentieren

# Kapitel 3
## beobachten – verstehen – schützen

Ein Samenkorn lag auf dem Rücken,
die Amsel wollte es zerpicken.
Aus Mitleid hat sie es verschont
und wurde dafür reich belohnt.
Das Korn, das auf der Erde lag,
das wuchs und wuchs von Tag zu Tag.
Jetzt ist es schon ein hoher Baum
und trägt ein Nest aus weichem Flaum.
Die Amsel hat das Nest erbaut;
dort sitzt sie nun und zwitschert laut.

*Joachim Ringelnatz (1883–1934)*

Erst ist es hellgrün, dann dunkelgrün,
dann gelb, orange und braun.
Es streckt sich, es stemmt sich,
es tanzt und fällt vom Baum.

Es ist rund und innen gelb.
Wir färben es zu Ostern.

Sie fliegt von Blüte zu Blüte.
Wir verdanken ihr den Honig.

 **1** Was ist denn hier los? Lies die Gedichte und erzähle.

das Faultier
das braune Faultier
das braune, dicke Faultier
zählt
immer nur von eins bis vier

der Seehund
der dicke Seehund
der dicke, hungrige Seehund
taucht
bis auf den Meeresgrund

 **2** Tausche dich mit einem Partnerkind aus:
Was gefällt euch an den Gedichten?

 **3** Welche Wörter reimen sich? Schreibe sie auf.

 **4** Schreibe das Gedicht auf.
Ergänze die fehlenden Wörter.

das Känguru
das ▣ Känguru,
das ▣ , gepunktete ▮
▪
ganz laut – hör mal zu

 **5** Lest euch die Gedichte vor. Was gefällt euch gut?

---

› Textmodelle erkennen und nutzen
› sprachliche und gestalterische Mittel und Ideen sammeln
› Texte verfassen: Treppengedichte
› Arbeitsheft, Seite 39

 **1** Lies die Wortgruppen. Welche Wörter reimen sich?

| | |
|---|---|
| das Nilpferd | zischt |
| | und mir wird bange |
| das Krokodil | singt |
| | beim Kartenspiel |
| die Schlange | kocht |
| | Gemüse auf dem Herd |
| der Elefant | löscht |
| | den Brand |

 **2** Wähle ein Reimpaar aus.
Schreibe es als Treppengedicht.

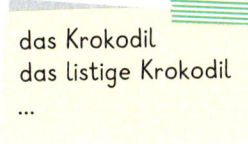

das Krokodil
das listige Krokodil
...

 **3** Erfinde neue Treppengedichte.
Überlege dir zuerst ein Tier
und einen dazu passenden Schluss.

| | | | |
|---|---|---|---|
| der Hund | die Katze | rennen | schnell |
| das Pferd | der Löwe | die Kuh | kalt |
| die Spinne | die Raupe | fliegen | das Tier |
| leicht | rund | die Ameise | die Blüte |
| quaken | schleichen | reich | stark |

Seite 121

› Textmodelle erkennen und nutzen
› sprachliche und gestalterische Mittel und Ideen sammeln
› Texte verfassen: Treppengedichte

› Arbeitsheft, Seite 40, 41

**47**

**1** Untersuche das Treppengedicht.

Pauls Wort können wi
auch noch
dazwischenschieben.

das Kind

das kluge Kind

das kluge, neugierige Kind

erkennt

es geschwind

pfiffige

**2** Tausche dich mit einem Partnerkind aus:
Was verändert sich von Stufe zu Stufe?
Was passiert mit den blauen Wörtern?
Was passiert mit den grünen Wörtern?
Was passiert mit den roten Wörtern?

Seite 125

**3** Was ist das Besondere an der Schreibweise der roten Wörter?

ACHTUNG ACHTUNG ACHTUNG

Das haben wir
herausgefunden!

Wörter, vor die man
beschreibende Schiebewörter einfügen kann,
schreibt man groß: die alte Katze
Man nennt sie **Nomen**.
Mit der **Schiebewortprobe**
kannst du sie erkennen.

N↑

› mit Sprache experimentell und spielerisch umgehen
› grammatisches Wissen für die Rechtschreibung nutzen
› grundlegende sprachliche Begriffe kennen: Nomen
› Arbeitsheft, Seite 42
›

 **1** Schau dir die Treppengedichte genau an.
Finde für jede Treppe ein passendes Wort.

der ■
der dicke ■
der dicke, durstige ■
der dicke, durstige, kleine ■

die ■
die traurige ■
die traurige, müde ■
die traurige, müde, kleine ■

das ■
das schnelle ■
das schnelle, frohe ■
das schnelle, frohe, kluge ■

die ■
die flinken ■
die flinken, alten ■
die flinken, alten, lustigen ■

 **2** Schreibe die Treppen ab.

Seite 119

 **3** Schreibe eine eigene Treppe.

 **4** Welche Wörter fehlen?
Lies die Treppe und setze
die fehlenden Wörter ein.

■ Spatz
■ kleine Spatz
■ kleine, braune Spatz
■ kleine, braune, freche Spatz

 ACHTUNG  ACHTUNG  ACHTUNG

**Das haben wir herausgefunden!**

**Merkmale von Nomen**
Zu jedem Nomen gehört ein **Artikel** (Begleiter).
Die **bestimmten Artikel** sind **der, die, das**:

**der** Hund, **die** Katze, **das** Kind

› Leistungen von Wortarten untersuchen
› Merkmale von Nomen kennenlernen
› grundlegende sprachliche Begriffe kennen: Nomen, Artikel

› Arbeitsheft, Seite 42
›

49

 **1** Wie kannst du Elsa helfen?
Wie könnte Paul das erklären?

> Heißt es
> der Gnu
> oder das Gnu?

> Ich glaube, dass Zebra auf Deutsch und Türkisch fast gleich klingt.

> Gnu

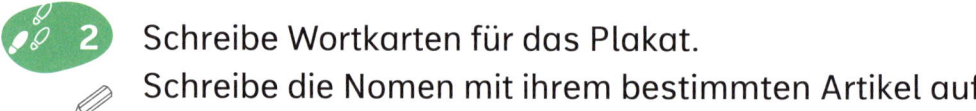 **2** Schreibe Wortkarten für das Plakat.
Schreibe die Nomen mit ihrem bestimmten Artikel auf.

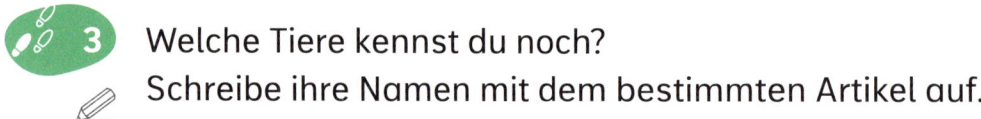 **3** Welche Tiere kennst du noch?
Schreibe ihre Namen mit dem bestimmten Artikel auf.

**4** Kennst du so wie Umut Tiernamen in anderen Sprachen?
Gibt es in diesen Sprachen bestimmte Artikel für Nomen?
Wenn ja, wie heißen diese?

---

› Leistungen von Wortarten untersuchen
› grundlegende sprachliche Begriffe kennen: bestimmter Artikel
› Gemeinsamkeiten/Unterschiede von Sprachen entdecken

› Arbeitsheft, Seite 43
›

 **1** Erkläre: Warum weiß die Tierpflegerin zuerst nicht, welches Meerschweinchen Paul möchte?

Guten Tag. Ich möchte bitte ein Meerschweinchen.

Das ist mir egal. Sie sind alle süß. Geben Sie mir irgendeines.

 Irgendeines oder ein bestimmtes?

 **2** An welchem Wort seiner Bitte kannst du erkennen, dass es ihm egal ist?

 **3** Schreibe die Nomen mit ihrem unbestimmten Artikel ein | eine auf.

> der Käfig   die Trinkflasche   das Futter   die Möhre
> das Fell   das Wasser   der Futternapf   das Gehege

 **4** Schreibe die Nomen mit ihrem bestimmten und unbestimmten Artikel auf.

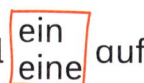

ACHTUNG   ACHTUNG   ACHTUNG

**Das haben wir herausgefunden!**

Wenn du kein bestimmtes Nomen meinst, sondern irgendeines, dann verwendest du es mit dem **unbestimmten Artikel**:

**ein** Hund, **eine** Katze, **ein** Pferd

› Leistungen von Wortarten untersuchen
› Merkmale von Nomen kennenlernen
› grundlegende sprachliche Begriffe kennen: unbestimmter Artikel

› Arbeitsheft, Seite 44
›

51

 **1** Erklärt das Spiel und einigt euch auf Spielregeln.

Seite 126

 **2** Schreibe die Wortpaare von den Karten auf.
Schreibe so: ein Stern - viele Sterne, ...

 **3** Schreibe die Nomen in der Einzahl und der Mehrzahl auf.
Schreibe so: ein Bild - viele Bilder, ...

> Bild  Lampe  Auto  Geschenk  Herz  Hund  Pilz  Ei  Foto  Frau

 **4** Kreise in den Wörtern ein,
was sich in der Mehrzahl verändert.

Achte auf
die letzten Buchstaben!

 **5** Tausche dich mit einem Partnerkind aus:
Wie heißt der bestimmte Artikel für die Mehrzahl?

ACHTUNG    ACHTUNG    ACHTUNG

**Das haben wir herausgefunden!**

**Merkmale von Nomen**
Nomen gibt es in der **Einzahl** und in der **Mehrzahl**.
In der Mehrzahl verändern sich viele Nomen:
ein Hund – viele Hunde, ein Bild – viele Bilder

Der bestimmte Artikel für die Mehrzahl
ist immer **die**.

› Leistungen von Wortarten untersuchen
› Merkmale von Nomen kennenlernen
› grundlegende sprachliche Begriffe kennen: Einzahl, Mehrzahl
› Arbeitsheft, Seite 45
›

 **1** Erkläre: Was tun die Detektive?

der Hausmeister — der Spatz — die Topfpflanze — die Tafel
der Schulbegleiter — der Baum — die Kreide
die Lehrerin — der Schulhund — das Buch
der Bleistift — das Gänseblümchen
die Vorleseoma

 **2** Ordne die Nomen und schreibe sie in eine Tabelle:

| die Lehrerin | der Schulhund | die Topfpflanze | die Tafel |
|---|---|---|---|
| der Hausmeister | ... | ... | ... |

 **3** Welche Überschriften für die Spalten fallen euch ein?
Vergleicht. Einigt euch auf eine Überschrift.

 **4** Suche zwölf weitere Nomen aus der Wörterliste
und ergänze die Tabelle.

**ACHTUNG** **ACHTUNG** **ACHTUNG**

**Das haben wir herausgefunden!**

**Merkmale von Nomen**
Nomen sind oft **Namen** für **Menschen**,
**Tiere**, **Pflanzen** und **Dinge**: die Frau, Paul,
die Katze, der Baum, die Tasche

› Leistungen von Wortarten untersuchen
› Merkmale von Nomen kennenlernen
› grundlegende sprachliche Begriffe kennen: Nomen

› Arbeitsheft, Seite 45
›

53

**1** Lies Umuts Text.

> Hey Paul, mein ▊ zimmer ist ▊ toll. Ich habe die ▊ möbel selbst ausgesucht. In meinem ▊ bett schlafe ich gut. Der ▊ stuhl würde ▊ dir gefallen. Die ▊ bilder sind richtig cool. Du musst meinen ▊ schreibtisch sehen! Komm vorbei! Umut

Probiere es mit:
neue, neues, neuen

**2** Überlege, an welchen Stellen du ein Schiebewort einsetzen kannst. Welche Wörter musst du großschreiben?

**3** Schreibe den Text richtig auf.

**4** Überlege, an welcher Stelle du ein oder mehrere Schiebewörter einsetzen kannst. Schreibe die Wortgruppe auf. Schreibe so: das neue Zimmer, …

> Lieber Umut, zeigst du mir morgen das Zimmer und die Möbel? Darf ich das Bett ausprobieren? Welche Farben haben die Bilder? Ist der Schreibtisch groß genug? Paul

**5** Erkläre die Schiebewortprobe mit deinen eigenen Worten.

> Darf ich das Bett ausprobieren?
> Ich sitze auf dem Stuhl.

neue  neuen

> grammatisches Wissen für die Rechtschreibung nutzen
> über Fehlersensibilität verfügen
> Rechtschreibstrategien verwenden: Nomen großschreiben

> Arbeitsheft, Seite 46, 47
>

 **1** Erkläre: Was stimmt hier nicht?

> Manche giraffen können größer werden als zwei Fußballtore. Die giraffen haben zwei oder vier hörner. Mit ihrer zunge reißen sie nahrung von den bäumen. Sie mögen blätter, knospen, gräser und triebe.

Am Computer kannst du überprüfen, ob du alles richtig geschrieben hast.

 **2** Wende die Schiebewortprobe an und schreibe den Text richtig auf. Du kannst einen Computer benutzen.

 **3** Auch hier ist etwas nicht in Ordnung. Erkläre.

> Haiesindfische. HaiesindRäuberundfressenfische. Haiekönnensehrtieftauchen. Dieohrenderhaiesind sehrklein. Haiehabenvielezähne.

 **4** Schreibe den Text richtig auf. Du kannst einen Computer benutzen.

Seite 119

› grammatisches Wissen für die Rechtschreibung nutzen
› über Fehlersensibilität verfügen
› Rechtschreibstrategien verwenden: Nomen großschreiben

› Arbeitsheft, Seite 46, 47
› ▶

# Nomen erkennen: Schiebewortprobe

 **1** Lies den Text.

> dinosaurier lebten vor langer zeit.
> der größte dinosaurier war länger
> als drei busse zusammen.
> und er war so schwer
> wie ein haus mit sieben stockwerken.

 **2** Schreibe den Text richtig auf. Kreise die Nomen ein.

 **3** Schreibe den Text richtig auf. Kreise die Nomen ein.

> warum sind dinosaurier ausgestorben viele wissenschaftler
> glauben an eine umweltkatastrophe ein riesiger meteorit
> stürzte auf die erde und zerstörte den lebensraum
> der dinosaurier sie fanden keine nahrung mehr

 **4** Arbeitet wie die Kinder und findet Begründungen
für die Großschreibung.

Das schöne riecht?
Das geht nicht.
Riecht ist kein Nomen.

Ich kann ein Schiebewort
zwischen Artikel und Wort
einfügen: das grüne Gras.
Gras muss ein Nomen sein.

Das Gras riecht gut.
Im Winter haben viele Bäume
keine Blätter. Der Igel schläft
unter dem Laubhaufen.

› grammatisches Wissen für die Rechtschreibung nutzen
› über Fehlersensibilität verfügen
› Rechtschreibstrategien verwenden: Nomen großschreiben

› Arbeitsheft, Seite 48
›

**1** Lies den Text. Findest du alle Nomen?

> Der Rotfuchs lebt am Waldrand, manchmal sieht man ihn aber auch am Stadtrand. Ein Fuchs kann fünf bis elf Jahre alt werden. Füchse können schnell laufen. Sie benutzen ihren buschigen Schwanz, um auf Verfolgungsjagden das Gleichgewicht zu halten und um sich selbst zu wärmen. Füchse fressen gern Früchte wie Pflaumen und Himbeeren, aber auch kleine Wirbeltiere wie Mäuse mögen sie. Der Fuchs jagt gern in der Nacht. Die Feinde des Fuchses sind Bären und Adler.

**2** An welchem Merkmal hast du die Nomen erkannt? Schreibe die Wörter in eine Tabelle. Manche Nomen kannst du auch in mehrere Spalten schreiben.

| Mensch, Tier, Pflanze, Ding | Mehrzahl: viele ... | Artikel: der, die, das, ein, eine | Schiebewort-probe |
| --- | --- | --- | --- |
| Rotfuchs | viele Rotfüchse | der Rotfuchs | der schlaue Rotfuchs |
| ... | | der Waldrand | |

**3** Ergänzt die Ideen-Lampe. Verwendet nur Nomen.

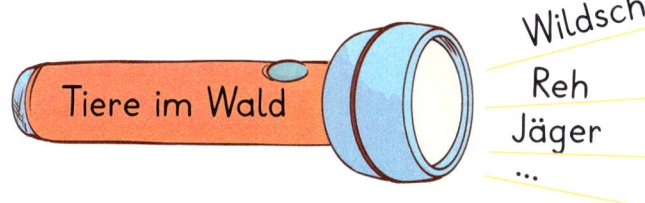

Tiere im Wald

Wildschwein
Reh
Jäger
...

Seite 126

› grammatisches Wissen für die Rechtschreibung nutzen
› über Fehlersensibilität verfügen
› Rechtschreibstrategien verwenden: Nomen großschreiben

› Arbeitsheft, Seite 49
›

 **1** Finde die Reimpaare.
Schreibe so: die Wiese – der Riese, …

| Wiese | Hase | Hund | Hose | Bank | Liste | Schrank |
|-------|------|------|------|------|-------|---------|
| Riese | Rose | Nase | Butter | Maus | Kiste | Mund |

 **2** Welche Wörter bleiben übrig?
Ergänze fehlende Reimpartner und schreibe die Reimpaare auf.

 **3** Suche weitere Reimpaare.
Du kannst die Wörterliste verwenden.

Seite 122

**4** Schreibe kurze Gedichte zu den Bildern.

Der schnelle, weiße Hahn
rennt gerne auf der Bahn.

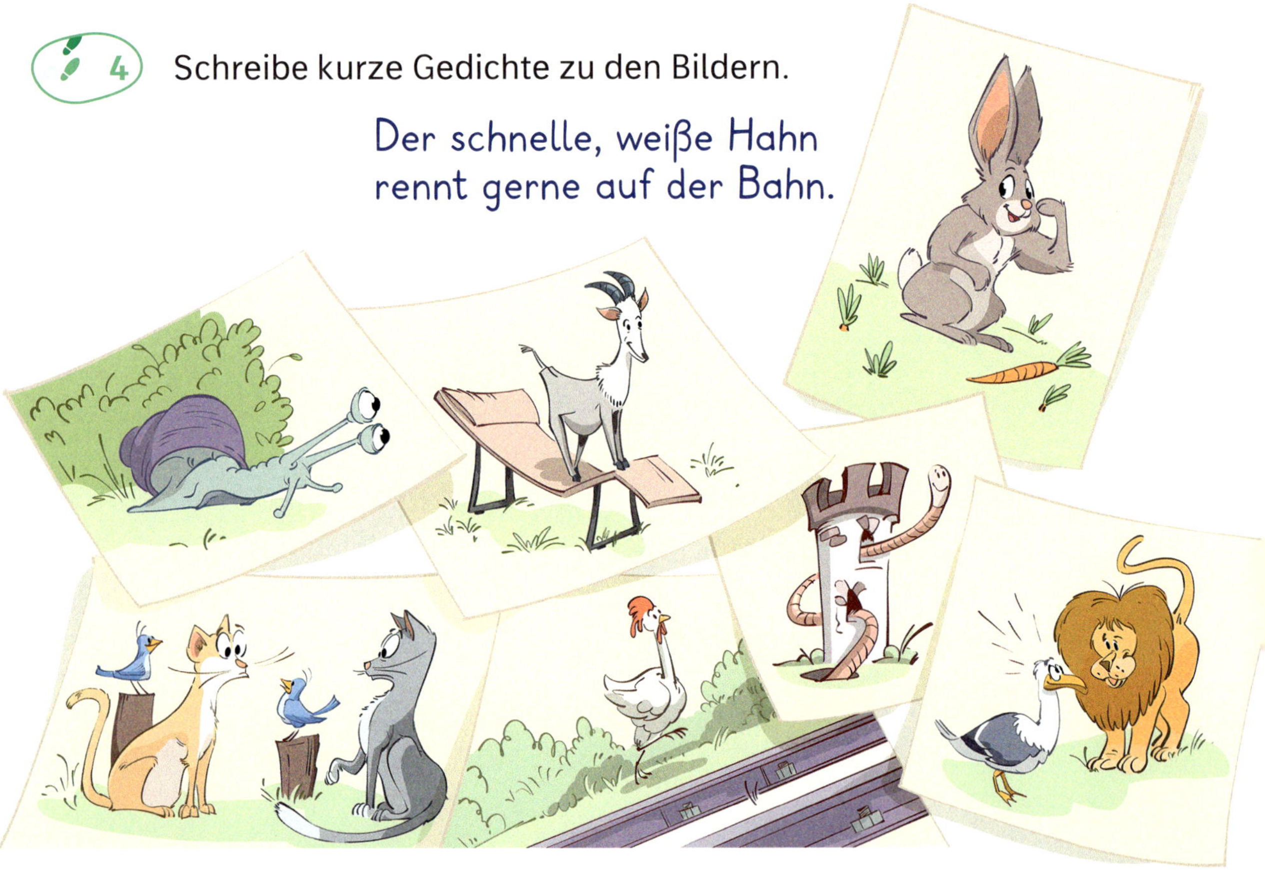

› Wörter sammeln und ordnen: Reime
› nach Anregung eigene Texte schreiben: Gedichte
› kreativ und spielerisch mit Sprache umgehen

› Arbeitsheft, Seite 50

 **1** Schreibe zu den Bildern ein Treppengedicht.

die Maus
die winzige Maus
...

 **2** Finde die Fehler in dem Treppengedicht.
Tausche dich mit einem Partnerkind aus.

> der zwerg
> der kleine Zwerg
> der Ängstliche zwerg
> fürchtet sich
> im dunklen Zimmer

 **3** Überprüfe dein eigenes Treppengedicht.

 **4** Präsentiere dein Treppengedicht.
Überlege dir, wie du es gestalten willst.
Suche auch passende Bilder.

Seite 128

> Texte an der Schreibaufgabe überprüfen
> Texte in Bezug auf die äußere und sprachliche Gestaltung
> und auf die sprachliche Richtigkeit hin überprüfen

> Arbeitsheft, Seite 50

# UNTER DER LUPE

 **1** Lies den Lupentext.

> Umut liebt kleine Katzen. Sie sehen süß aus.
> Er mag ihr weiches Fell und ihre großen Augen.
> Es sieht lustig aus, wenn sie spielen. Danach fressen sie
> ihr Futter und schlecken Wasser. Wenn sie satt sind,
> putzen sie ihr Fell mit der rauen Zunge.
> Wenn sie müde sind, rollen sie sich zusammen
> und kuscheln in ihrem Körbchen.

Seite 121

 **2** Finde die Nomen im Text
und schreibe sie mit ihrem bestimmten Artikel auf.

 **3** Bilde zu den Nomen die Mehrzahl.
Schreibe in eine Tabelle:

| Einzahl | Mehrzahl |
| --- | --- |
| eine Katze | viele Katzen |
| ein Fell | ... |

 **4** Erkläre, warum man **Katzen**
mit einem großen Anfangsbuchstaben schreibt.

> Umut liebt kleine Katzen.

 **5** Ergänze Schiebewörter
und schreibe den Satz auf.

> Danach fressen sie ihr ■ Futter und schlecken ■ Wasser.

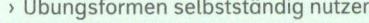

60

› Übungsformen selbstständig nutzen
› über Fehlersensibilität und Rechtschreibgespür verfügen
› an Wörtern und Texten arbeiten

› Arbeitsheft, Seite 51

**1** Erkläre deinem Partnerkind, wie du
die richtige Schreibweise herausbekommen kannst.

| Körpchen | oder | Körbchen | ? | Brötchen | oder | Brödchen | ? |

**2** Suche Wörter aus dem Lupentext heraus und schreibe sie
in die Tabelle. Setze Silbenbögen und kreise die Silbenkerne ein.

| eine Silbe | zwei Silben | drei Silben |
|---|---|---|
| liebt | Umut | … |

**3** Ergänze die fehlenden Silbenkerne und schreibe den Satz ab.

> W■nn sie s■tt s■nd, p■tz■n s■ ■hr F■ll m■t d■r Z■ng■.

**4** Schreibe die Sätze richtig auf. Schreibe die Nomen groß
und setze passende Schiebewörter ein.
Denke auch an Satzschlusszeichen
und achte auf die Großschreibung.

> UMUT MAG AUCH HUNDE ER STREICHELT GERN IHR FELL
> UND IHRE OHREN

**5** Wähle drei Wörter aus dem Kasten aus
und nimm sie unter die Lupe. Schreibe alles auf,
was du zu den Wörtern weißt.

Seite 123

> Katzen   Fell   der   kleine   Zunge   Augen

› Rechtschreib- und Grammatikwissen anwenden   › Arbeitsheft, Seite 52
› Begründungen und Erklärungen geben
› grundlegende sprachliche Begriffe und Strukturen kennen

**61**

# Detektivwissen überprüfen

Ich habe gelernt, dass ...
Ich kann jetzt ...
Ich möchte noch üben ...

- Treppengedichte schreiben
- Merkmale von Nomen kennen
- Nomen erkennen und großschreiben

Seite 124

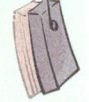

**Ich kenne mich aus mit Nomen.**

richtig   falsch

Nomen schreibe ich groß.

**A**   **8**

Nomen beginnen immer mit **F**.

**5**   **9**

Nomen sind nur Namen für Tiere.

**/**   **3**

Nomen haben immer den Artikel **das**.

**1**   **+**

Vor ein Nomen kann ich immer ein Schiebewort setzen.

**L**   **K**

Die bestimmten Artikel heißen **der**, **die**, **das**.

**H**   **4**

› über Lernerfahrungen sprechen
› eigenen Lernstand einschätzen und Lernschritte planen
› Lernergebnisse präsentieren

Schaue zuerst auf Seite 124!

# Kapitel 4
## haben – wünschen – brauchen

Wunschliste
- Besuch im Zoo
- neues Detektivbuch
- cooles Shirt
- blaue Turnschuhe
- Eis essen mit Freunden
- Lieblingskuchen
  (von Oma)

Nicht vergessen:
neuen Ball für Uno kaufen

- Tante Tula anrufen
- neues Druckerpapier
  kaufen
- Termin mit Herrn Müller
  machen
- Geschenk für Miran
  besorgen

Das wollen wir
zusammen machen:
- klettern
- wandern
- schwimmen
- fernsehen
- backen
- ...

Datum: 2. März
An: detektivbüro@passwort-lupe.de
Betreff: Einladung

Liebe Detektive,
ich möchte euch gern zu einer Waffelparty
einladen!
Habt ihr am 20. März um 15 Uhr Zeit?
Bitte sagt mir bis Montag Bescheid, ob ihr kommt.
Liebe Grüße

 **1** Welche Wünsche könnte Umut haben und warum?
Tauscht euch aus.

Was wünschst du dir denn zum Geburtstag?

Ich wünsche mir …, weil …

 **2** Was wünschst du dir?

Schreibe deine Wünsche auf und begründe. Schreibe so:

Ich wünsche mir …, weil …

Ich möchte gern … haben, weil …

 **3** Vergleicht eure Wünsche und tauscht euch aus.
Gestaltet eine Wand im Klassenraum mit euren Wunschzetteln.

Ich wünsche mir viele Freunde.

Ich wünsche mir einen Ausflug mit der ganzen Familie.

Ich wünsche mir neue Kopfhörer.

Ein cooles Spiel wäre super.

Ich hätte gern einen kleinen Hund.

| | | | |
|---|---|---|---|
| der Wunsch | die E-Mail | fallen | brauchen |
| die Feier | der Ball | der Affe | schreiben |
| die Freude | die Puppe | die Sonne | kaufen |
| lernen | lachen | haben | die Butter |
| kommen | der Hammer | wünschen | stehen |

Seite 121

› funktionsangemessen sprechen: informieren, erklären
› funktionsgerecht schreiben: Wünsche
› sprachliche Mittel und Ideen sammeln

› Arbeitsheft, Seite 53, 55

 **1** Hat Umut Lulus Fragen bei der Einladung beachtet?
Tausche dich mit einem Partnerkind aus.

Ich möchte dich gern einladen.

Wo soll ich denn hinkommen?
Wann soll ich da sein?
Gibt es einen besonderen Anlass?
Was soll ich mitbringen?

Umut, schreib doch einfach eine Einladung!

Liebe Lulu,
ich möchte dich herzlich zu meiner Geburtstagsfeier einladen.
Am 15. März um 15 Uhr treffen wir uns bei mir zu Hause
(Gartenstraße 5). Bring bitte dein Fahrrad oder deinen Roller mit.
Alles Weitere bleibt eine Überraschung! Ich freue mich schon auf dich!
Dein Umut

 **2** Schreibe eine Einladung zu deinem nächsten Geburtstag.

- Überlege dir zunächst Antworten auf die Fragen,
  die Lulu stellt.
- Schreibe die Fragen und deine Antworten auf.
- Schreibe mithilfe der Antworten eine eigene Einladung.

ACHTUNG ACHTUNG ACHTUNG

**Eine Einladung braucht**
- ▪ eine Anrede: Für wen ist deine Einladung?
- ▪ einen Anlass: Was wird gefeiert?
- ▪ einen Termin (Datum und Uhrzeit):
  Wann wird gefeiert?
- ▪ einen Ort: Wo wird gefeiert?
- ▪ einen Gruß: Wer lädt ein?

› Schreibabsicht, Schreibsituation, Adressaten
und Verwertungszusammenhang klären
› strukturiert und adressatengerecht schreiben: Einladung

› Arbeitsheft, Seite 55

65

**1** Überlegt gemeinsam: Was machen die Kinder auf dem Bild?

**2** Spielt die einzelnen Tätigkeiten vor, ohne dabei zu sprechen.
Kann dein Partnerkind erraten, was du ihm vormachst?

**3** Schreibe auf, was du tust. Schreibe so:
ich male, ich spiele, …

Diese Wörter heißen Verben!

**4** Schreibe auf, was dein Partnerkind tut. Schreibe so:
du malst, du spielst, …

**5** Vergleiche die Wörter von Aufgabe 3 und Aufgabe 4.
Was ändert sich bei den eingekreisten Wörtern?

66

› szenisch spielen
› Wörter sammeln und ordnen
› mit Sprache experimentell und spielerisch umgehen

› Arbeitsheft, Seite 56
›

ich kauf**e**

er/sie/es kauf**t**

wir kauf**en**

 **1** Bilde die ich-, er- und wir-Form der Verben. Schreibe so:

brauchen: ich brauch**e**, er brauch**t**, wir brauch**en** ...

| brauchen | wünschen | sparen | schreiben | malen |
|----------|----------|--------|-----------|-------|
| lernen | reden | arbeiten | denken | bleiben |

 **2** Was verändert sich bei den Verben? Kreise ein.

**3** Schreibe zu jedem Verb einen Satz auf.
Verwende **ich**, **er** und **wir**.

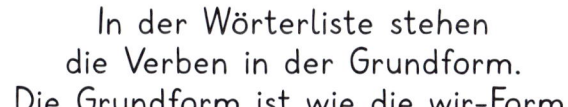

In der Wörterliste stehen
die Verben in der Grundform.
Die Grundform ist wie die wir-Form.

Grundform

**4** Überprüfe deine Verben.
Schlage sie in der Wörterliste nach.

Seite 122

ACHTUNG — ACHTUNG — ACHTUNG

**Das haben wir herausgefunden!**

**Verben** sind Wörter, die sich der **Person**
anpassen. Sie verändern sich,
wenn man **ich** oder **er/sie/es** davorsetzt:

spielen – ich spiel**e**, er spiel**t**

› Funktion von Verben kennenlernen
› Verben verwenden
› grundlegende Begriffe kennen: Verb, Grundform

› Arbeitsheft, Seite 57
›

67

 **1**  Lies die Wörter. Welche Wörter sind Verben?

Ich mache
die Verbprobe:
ich Sandkaste,
er Sandkastet?!

Nein, das
passt nicht!

SANDKASTEN
RENNEN
TOR
PAUL
ROLLSTUHL
SPRINGEN
TURNEN
KLETTERN
AFFE

Ich renne,
er rennt –
das passt.

Ich habe
ein Verb
gefunden!

 **2**  Mache die Verbprobe und schreibe die Verben auf.
Verwende die Grundform (wir-Form) und schreibe so: rennen, …

 **3**  Verändere die Grundform und schreibe die Verben
in Personalformen auf. Schreibe so:

|  | rennen |
|---|---|
| ich | renne |
| er/sie/es | rennt |
| wir | rennen |

ACHTUNG  ACHTUNG  ACHTUNG

**so gehen wir vor:**

Wenn ich wissen will, ob ein Wort ein Verb ist,
mache ich die **Verbprobe** und
dann setze eine Person davor (**Personalform**).
Wenn sich das Wort verändern lässt,
dann ist es ein Verb:
rennen – ich renne, er/sie/es rennt

**68**
› Funktion von Verben kennenlernen
› Verben verwenden
› grundlegende Begriffe kennen: Personalform
› Arbeitsheft, Seite 58
›

du kauf**st**

ihr kauf**t**

sie kauf**en**

Es gibt zweimal die Personalform sie:
sie kauft – Einzahl, also eine Person,
sie kaufen – Mehrzahl, also mehrere Personen

Achtung!

**1** Lies die Sätze. Verändere die Verben
und bilde Sätze in der du-, ihr- und sie-Form.
Schreibe so:
Du geh**st** in die Schule. Ihr geh**t** in die Schule.
Sie geh**en** in die Schule. ...

| | |
|---|---|
| Wir gehen in die Schule. | Wir trinken Limo. |
| Wir sammeln Murmeln. | Wir schreiben E-Mails. |
| Wir brauchen Stifte. | Wir sparen Geld. |

**2** Bilde Sätze. Achte darauf, dass die Person
und die Verbform zusammenpassen.

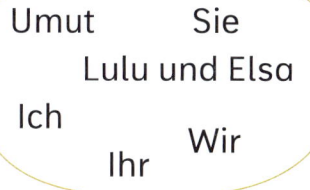

Umut     Sie
     Lulu und Elsa
Ich
     Ihr   Wir

| |
|---|
| schreiben |
| lacht   geht |
| telefoniere |
| reden   hört |

| |
|---|
| mit Mama. |
| schöne Musik. |
| über einen Witz. |
| über die Schule. |
| nach Hause. |
| eine E-Mail. |

› Funktion von Verben kennenlernen
› Verben verwenden
› sprachliche Operationen nutzen: ergänzen

› Arbeitsheft, Seite 58
›

69

 **1** Verändere die Grundform passend zu der Person im Satz.
Lest euch die Sätze vor.

> Ihr kaufen euch nach den Ferien ein neues Auto.
> Du bekommen zum Geburtstag ein lustiges Buch.
> Die Kinder der 2b wünschen sich eine neue Schaukel.
> Kennen du schon den neuen Comic?
> Sie verkaufen ein paar alte Bilderbücher.
> Ihr bauen einen riesigen Turm aus Holz.
> Du spielen mit deinen Eltern ein spannendes Spiel.
> Ihr rufen uns heute Nachmittag an.

 **2** Schreibe die Sätze mit passender Personalform auf
und kreise die veränderten Verben ein.

 **3** Schreibe den Text ab. Setze die fehlenden Verben ein
und verwende passende Personalformen.

> kennen   packen   rennen   kaufen   gehen   suchen   bitten

> Lulu und Umut ▇▇ um die Wette zum Supermarkt.
> Lulu ▇▇ leckere Äpfel
> und ▇▇ Umut um Hilfe.
> Umut ▇▇ den Lieblingssatz
> seiner Mama:
> Ihr ▇▇ viel Gemüse
> und Obst ein.
> Die Kinder ▇▇ die Einkaufstaschen
> und ▇▇ nach Hause.

---

› Funktion von Verben kennenlernen
› Verben verwenden
› Personalformen kennen und anwenden

› Arbeitsheft, Seite 59
›

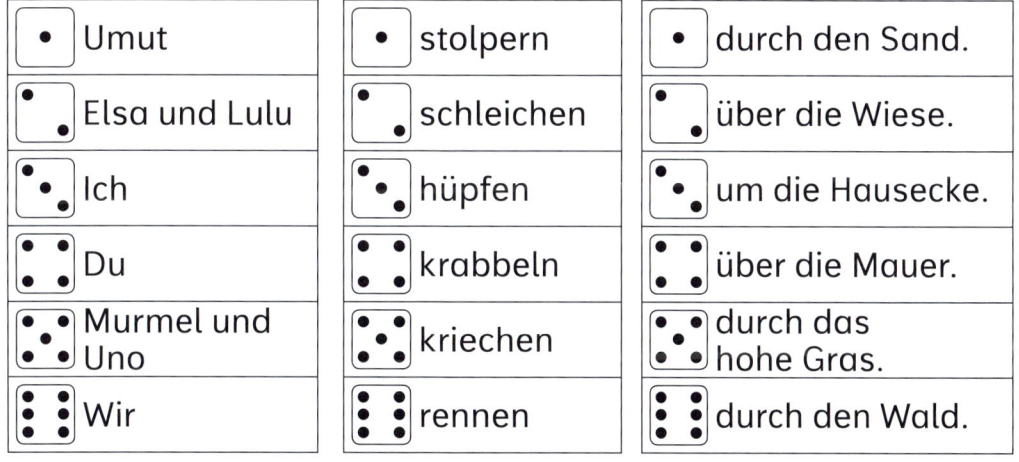

 **1** Spielt das Würfelspiel.
Einigt euch auf gemeinsame Regeln.

Seite 126

| | | |
|---|---|---|
| • Umut | • stolpern | • durch den Sand. |
| Elsa und Lulu | schleichen | über die Wiese. |
| Ich | hüpfen | um die Hausecke. |
| Du | krabbeln | über die Mauer. |
| Murmel und Uno | kriechen | durch das hohe Gras. |
| Wir | rennen | durch den Wald. |

 **2** Erfindet für das Spiel weitere Personen und Orte.

 **3** Schreibe deine drei Lieblingssätze auf.

› Funktion von Verben kennenlernen
› spielerisch mit Sprache umgehen
› Personalformen kennen und anwenden

› Arbeitsheft, Seite 59
› ▶

 **1** Setze die fehlenden Vokale in die Wörter ein.

Schreibe die Wörter mit ihrem Artikel auf und setze Silbenbögen.

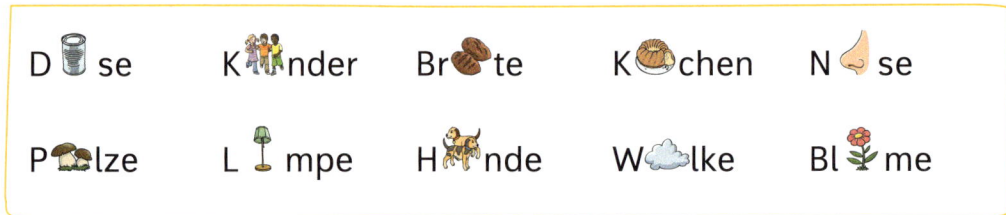

D▢se    K▢nder    Br▢te    K▢chen    N▢se

P▢lze    L▢mpe    H▢nde    W▢lke    Bl▢me

 **2** Kreise die eingesetzten Vokale ein.

Klingt der Vokal lang oder kurz? Markiere so:

die Do̲se, die Kịnder, ...

 **3** Schaue dir die Silbengrenze der ersten Silbe genau an.

Welchen Unterschied gibt es bei langen und kurzen Vokalen?

Erkläre und schreibe so:

Auf einen kurzen Vokal folgt in der ersten Silbe ...

Auf einen langen Vokal folgt ...

 **4** Schreibe die Wörter mit ihrem bestimmten Artikel auf.

 **5** Setze Silbenbögen.

Markiere in der ersten Silbe die Vokallänge mit . oder _.

› Lautqualität von Vokalen untersuchen
› Struktur von Silben untersuchen und erkennen
› über Rechtschreibgespür verfügen

› Arbeitsheft, Seite 60
› ▶️

72

 **1** Schau dir die Wörter genau an und sprich sie.
Bei welchen Wörtern ist der Vokal in der ersten Silbe kurz?
Bei welchen ist er lang?

 **2** Schreibe die Wörter in eine Tabelle. Setze Silbenbögen.

| langer Vokal in der ersten Silbe | kurzer Vokal in der ersten Silbe |
|---|---|
| Blu men | Stem pel |

 **3** Überprüfe die Wörter mit kurzem Vokal: Endet die erste Silbe
immer mit einem Konsonanten? Kreise ein.

ACHTUNG    ACHTUNG    ACHTUNG

**Das haben wir herausgefunden!**

Wenn der Vokal in der ersten Silbe **kurz** ist, dann
wird die Silbe mit einem Konsonanten **geschlossen**:

Mantel, Wolke

Wenn der Vokal in der ersten Silbe **lang** ist,
dann bleibt die Silbe **offen**:

Dose, Vogel

› Lautqualität von Vokalen untersuchen
› Struktur von Silben untersuchen und erkennen
› grammatisches Wissen für die Rechtschreibung nutzen

› Arbeitsheft, Seite 60, 61
›

Die 2. Silbe beginnt immer mit einem Konsonanten. Wenn du nach einem kurzen Vokal in der ersten Silbe nur einen hörst, musst du den Konsonanten doppelt schreiben.

Pu p e
Pup pe

 **1** Schreibe die Wörter mit ihrem bestimmten Artikel auf.

 **2** Setze Silbenbögen unter die Nomen.
Markiere den Vokal. Ist er kurz . oder lang _?

**ACHTUNG** **ACHTUNG** **ACHTUNG**

so gehen wir vor:

Wenn der Vokal in der ersten Silbe **kurz** ist und du dann nur **einen Konsonanten** hörst, dann musst du ihn **verdoppeln**:

der Himmel, die Suppe

---

› Lautqualität von Vokalen untersuchen
› Rechtschreibstrategien verwenden: Vokallänge
› grammatisches Wissen für die Rechtschreibung nutzen

› Arbeitsheft, Seite 62
›

**1** Entscheide, wie viele Konsonanten du einsetzen musst.

| nn oder n? | So⬛e | bre⬛en | Ju⬛i | Wa⬛e |
|---|---|---|---|---|
| mm oder m? | Da⬛e | Hi⬛el | Po⬛es | schwi⬛en |
| ll oder l? | ro⬛en | ho⬛en | Fü⬛er | Wo⬛e |
| ss oder s? | Do⬛e | Wa⬛er | Ta⬛e | Se⬛el |

**2** Schreibe die Wörter auf. Setze Silbenbögen.

**3** Tausche dich mit einem Partnerkind aus. Erkläre ihm, wie du die richtige Schreibweise herausgefunden hast.

Seite 125

**4** Benenne die Gegenstände.
Einige Wörter haben einen doppelten Konsonanten.
Schreibe diese mit ihrem bestimmten Artikel auf.

**5** Überprüfe deine Wörter mit der Wörterliste.

Auch Umlaute können lang oder kurz sein.

**6** Kreise die doppelten Konsonanten ein.

Seite 122

---

› Lautqualität von Vokalen untersuchen
› Rechtschreibstrategien verwenden: Vokallänge
› grammatisches Wissen für die Rechtschreibung nutzen

› Arbeitsheft, Seite 63
›

# Wörter mit tz richtig schreiben

 **1** Warum weiß Elsa nicht genau, wie sie das Wort schreiben soll?

> Wörter, bei denen du nach dem kurzen Vokal in der ersten Silbe ein z hörst, schreibst du nicht zz, sondern tz.

Ka?e
Kazze?
Katze!

 **2** Schreibe die Nomen mit ihrem bestimmten Artikel auf.
Kreise **tz** ein.

 **3** Welche Verben sind hier gesucht? Schreibe sie auf.
Kreise **tz** ein.

---

› Lautqualität von Vokalen untersuchen
› Rechtschreibstrategien verwenden: Vokallänge
› grammatisches Wissen für die Rechtschreibung nutzen

› Arbeitsheft, Seite 64
›

**1** Warum weiß Paul nicht genau, wie er das Wort schreiben soll?

Wörter, bei denen du nach dem kurzen Vokal in der ersten Silbe ein k hörst, schreibst du nicht kk, sondern ck.

**2** Schreibe die Nomen mit ihrem bestimmten Artikel auf.
Kreise **ck** ein.

**3** Welche Verben sind hier gesucht? Schreibe sie auf.
Kreise **ck** ein.

---

› Lautqualität von Vokalen untersuchen
› Rechtschreibstrategien verwenden: Vokallänge
› grammatisches Wissen für die Rechtschreibung nutzen

› Arbeitsheft, Seite 65
›

 **1** Hier ist einiges schiefgelaufen!
Lest die Einladungen. Was fällt euch auf?

Ich lade dich gern
zu meiner Geburtstagsparty ein.
Komm am Montag zum Spielplatz.
Dort werden wir eine große
Schnitzeljagd machen.
Das wird sicher toll.
Ich freue mich auf dich.

Lieber Paul,
herzlich lade ich dich um 16 Uhr
zu meiner Feier ein.
Bring bitte dein Schwimmzeug mit.
Ich wünsche mir Tierfiguren.
Sag Bescheid, ob du kommst.
Dein Tom

Findest du in der Einladung
alle notwendigen Informationen?
Schau auch auf Seite 65.

 **2** Überarbeite eine der beiden Einladungen.
Schreibe sie dann verbessert auf.

 **3** Tauscht eure überarbeiteten Einladungen aus.
Ist alles Wichtige enthalten?

› Schreibabsicht, Schreibsituation, Adressaten
und Verwertungszusammenhang klären
› Texte an der Schreibaufgabe überprüfen      › Arbeitsheft, Seite 66

**1** Schreibe wie Lulu eine Einladung.

> Lieber Samu,
> ich möchte dich gern
> zu einer Waffelparty einladen ...

**2** Überprüfe deine Einladung.
Achte darauf, dass du alle Wörter richtig schreibst.
Denke besonders an die Vokallänge, doppelte Konsonanten
und die Großschreibung der Nomen.

**3** Präsentiert eure fertigen Einladungen im Klassenraum.

Kostümparty
Liebe Lulu,
am nächsten ..

Komm zu meiner
Übernachtungsparty am ...

Frühlingsfest
in der Schule

Liebe Eltern,
am 15. April findet
in unserer Schule
wieder ein großes Fest
statt, zu dem wir
euch gern einladen
möchten. ...

Liebe 2d,
wir wollen euch
gern zu unserem
Klassenfest
einladen. Es
findet am ...

---

› Texte in Bezug auf die äußere und sprachliche Gestaltung    › Arbeitsheft, Seite 66
und auf die sprachliche Richtigkeit hin optimieren
› Texte für die Veröffentlichung aufbereiten, mit Schrift gestalten

79

UNTER DER LUPE

 **1** Lies den Lupentext.

> Liebe Elsa,
> ich hoffe, dir und Uno geht es gut und
> ihr verbringt schöne Ferien. Hier im Urlaub
> scheint die Sonne. Jeden Tag schwimme ich,
> tauche ich und fahre mit dem Rad. Ich suche
> viele Muscheln, spiele mit Bällen und schwitze
> am Strand. Geht ihr oft ins Freibad?
> Wollen wir uns bald bei deinem Opa treffen?
> Ich sende dir viele Grüße
> dein Umut

Elsa

Neustadt

Seite 121

 **2** Finde Verben im Text und schreibe sie in ihrer Grundform auf.

 **3** Schreibe zu drei Verben alle Personalformen auf.
Schreibe so: hoffen: ich hoff**e**, du hoff**st** ...

 **4** Finde im Text sechs Wörter mit doppelten Konsonanten. Erkläre mit deinen Worten, warum sie so geschrieben werden.

 **5** Ergänze die Verben mit den passenden Konsonanten.

> bi▮en    e▮en    fa▮en    fü▮en
> so▮en    ste▮en   re▮en    begi▮en
> be▮en    wo▮en    schwi▮en  ko▮en

tt (1)  ss (2)  ll (4)
mm (3)  nn (2)

› Übungsformen selbstständig nutzen
› über Fehlersensibilität und Rechtschreibgespür verfügen
› an Wörtern und Texten arbeiten

› Arbeitsheft, Seite 67

**1** Hier ist einiges schiefgelaufen. In der E-Mail sind acht Fehler. Finde sie.

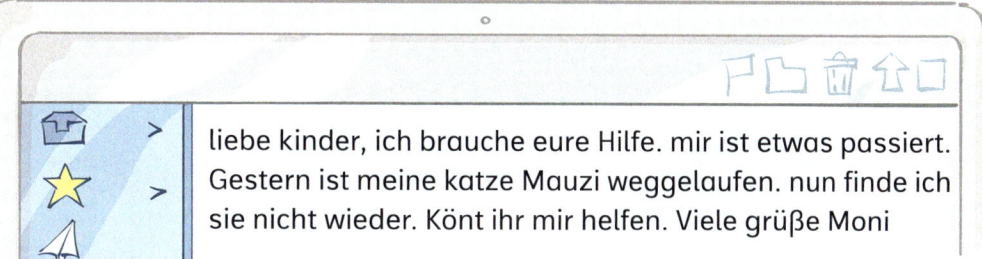

liebe kinder, ich brauche eure Hilfe. mir ist etwas passiert. Gestern ist meine katze Mauzi weggelaufen. nun finde ich sie nicht wieder. Könt ihr mir helfen. Viele grüße Moni

**2** Schreibe die E-Mail richtig auf.

**3** Setze bei den Verben **nk** oder **ng** ein.
Schreibe so: springen – er springt, …

er spri▮t   es hä▮t   er wi▮t   es sti▮t   sie sche▮t   sie da▮t

Mit nk oder ng? Hören kann ich das nicht.

Die Grundform kann dir helfen!

er spri▮t

**4** Wähle drei Wörter aus dem Kasten aus und nimm sie unter die Lupe.
Schreibe alles auf, was du zu den Wörtern weißt.

Seite 123

schwimme   treffe   Bälle   schwitze   Tag   Strand

› Rechtschreib- und Grammatikwissen anwenden
› Begründungen und Erklärungen geben
› grundlegende sprachliche Begriffe und Strukturen kennen

› Arbeitsheft, Seite 68

81

# Detektivwissen überprüfen

eine Einladung schreiben
- Merkmale von Verben kennen
- Wörter mit doppelten Konsonanten schreiben

Ich habe gelernt, dass …

Ich möchte noch üben …

Ich kann jetzt …

Seite 124

**Ich kenne mich aus mit Verben.**

richtig    falsch

Verben werden immer großgeschrieben.    q    L

Verben werden immer nur in ihrer Grundform verwendet.    8    !

Verben haben Personalformen.    h    5

Die Grundform ist wie die wir-Form.    P    7

**Ich kenne mich aus mit Rechtschreibung.**

Das **o** in  ist ein kurzer Vokal.    /    a

Nach einem langen Vokal folgt immer **mm**.    4    ?

› über Lernerfahrungen sprechen
› eigenen Lernstand einschätzen und Lernschritte planen
› Lernergebnisse präsentieren

Schaue zuerst auf Seite 124!

# Kapitel 5

lesen – hören – sehen

 **1** Elsa vermutet, was mit den Hunden passiert ist.
Was fällt dir auf?

Uno und Murmel bekommen vom Metzger leckere Wurst zu fressen.

Auf dem Markt kaufen wir für das gesunde Frühstück in der Schule ein.

Uno und Murmel laufen blitzschnell hinter dem Metzgerwagen her.

Der Metzger baut als Erster seinen Stand ab und fährt weg.

**2** Finde eine passende Reihenfolge für Elsas Vermutungen.
Erzähle sie einem Partnerkind: Ich stelle mir das so vor: ...

- Metzger schenkt Wurst

- Markt
- Einkauf für gesundes Frühstück

- Stand abbauen

- Hunde verfolgen Metzgerwagen

 **3** Schreibe Elsas Geschichte in der richtigen Reihenfolge auf.

| müde | fahren | die Wiese | lieb |
| der Computer | der Wald | hell | mutig |
| das Auto | warten | helfen | nett |
| finden | böse | der Vogel | schön |
| hören | der Garten | leise | fremd |

Seite 121

› Lernergebnisse geordnet festhalten
› strukturiert und adressatengerecht schreiben
› eigene Texte planen und schreiben: Geschichte

› Arbeitsheft, Seite 69, 70, 71

# Eine Geschichte planen und schreiben

Vielleicht war es ja so ...

 **1** Auch Umut vermutet, was mit Uno und Murmel passiert ist.
Erzähle.

 **2** Umut plant seine Geschichte.
Hilf ihm und schreibe Kärtchen für den Geschichtenpfad.     Seite 129

**3** Erzähle einem Partnerkind die Geschichte
mit dem Geschichtenpfad. Beginne so:
Vielleicht war es ja so: ...

**4** Schreibe deine Geschichte auf.

**ACHTUNG**     **ACHTUNG**     **ACHTUNG**

Jede **Geschichte** muss ich planen.
Jede Geschichte hat eine **Reihenfolge**.
Der **Geschichtenpfad** hilft mir
beim Erzählen und Schreiben
meiner Geschichte.

› verständlich schreiben: Geschichte     › Arbeitsheft, Seite 71
› Reihenfolge beachten
› nach Anregung eigene Texte schreiben

 **1** Warum kann den Kindern keiner helfen?
Gib ihnen Tipps, wie sie das Suchplakat verbessern können.

Warum kann uns
keiner helfen?

VERMISST

Gesucht werden zwei Hunde.
Ein Hund hört auf
den Namen Murmel und
der andere Hund hört
auf den Namen Uno.
Wenn ihr sie seht, meldet
euch bitte unter der
Telefonnummer: 0178 ...

 **2** Welche Wörter passen zu Uno?
Welche Wörter passen zu Murmel?
Sortiere und schreibe auf: Uno: ...

klein   groß   braun   hell   schwarz   rot

 **3** Wie würdest du den Text verändern? Schreibe das Suchplakat
verbessert auf. Nutze die Wörter aus dem Kasten.

Gesucht werden zwei Hunde. Der ■ Hund hört auf
den Namen Uno. Sein ■ Fell hat ■ Flecken. Der ■ Hund hört
auf den Namen Murmel. Sein ■ Fell hat ■ Flecken.
Beide tragen ein ■ Hundegeschirr.

› Beziehung zwischen Absicht und Wirkung untersuchen    › Arbeitsheft, Seite 72
**86**  › Textproduktion durch die Anwendung    ›
von sprachlichen Operationen unterstützen

**1** Was erfährst du durch die Schiebewörter?
Schreibe deine Beobachtungen auf.

| das | Fell | | | die | Pfote | | |
|-----|------|--|--|-----|-------|--|--|
| das | braune | Fell | | die | kleine | Pfote | |
| das | braune, | weiche | Fell | die | kleine, | schmutzige | Pfote |

**2** Setze die Wörter ein und schreibe die Sätze auf.
Kreise ein, was sich an den Wörtern verändert.

Der ▮ Fernseher hängt an der Wand.

Der ▮ Computer steht auf dem Tisch.

Die ▮ Zeitschrift kaufe ich am Kiosk.

> schnell
> groß
> bunt

**3** Setze die Schiebewörter passend vor die Nomen.
Kreise ein, was sich verändert. Schreibe so:
die aktuelle Zeitung, ...

> die Zeitung
> der Film
> das Buch

> dick   spannend
> aktuell   laut
> interessant   alt

Du musst das Wort
am Ende verändern,
wenn du es
als Schiebewort verwendest.

Das haben wir
herausgefunden!

Schiebewörter beschreiben
das Nomen genauer.
Man nennt sie **Adjektive**:
groß – das große Haus

› spachliche Operationen nutzen: ergänzen
› Leistungen von Wortarten untersuchen
› sprachliche Begriffe kennen: Adjektiv

› Arbeitsheft, Seite 73
›

87

**1** Setze in den Text die fehlenden Adjektive ein.
Verändere sie passend und schreibe die Sätze auf.

| gehorsam | lieb | wild | saftig | frech |
|---|---|---|---|---|

Murmel und Uno sind zwei ▪ Hunde. Die ▪ Hunde toben oft draußen herum. Murmel ist eine ▪ Hündin. Sie gehört Paul. Der ▪ Hund Uno gehorcht nicht immer aufs Wort. Beide mögen ▪ Fleischwurst.

**2** Verwende die Wörter im Satz.
Schreibe so:
**der brave Hund – Der Hund ist brav.**

der brave Hund
das frische Futter
die müden Kaninchen
die kluge Katze
die frechen Mäuse
der große Käfig
der kuschelige Schlafplatz
das kleine Kissen

*Wenn das Adjektiv nicht vor dem Nomen steht, verändert es sich nicht.*

› mit Sprache experimentell und spielerisch umgehen
› Adjektive verwenden, um genau zu beschreiben
› Wissen über Wortarten anwenden

› Arbeitsheft, Seite 74
› ▶

**88**

# Gegensätze von Adjektiven kennen

 **1** Welche Adjektive passen zusammen?
Schreibe so: hoch – niedrig, …

| hoch   schnell   viel | | wenig   langsam   niedrig |

 **2** Finde passende Adjektive. Schreibe die Sätze auf.

Der Elefant ist nicht leicht, er ist ▮.
Die Schildkröte ist nicht schnell, sie ist ▮.
Der Hals der Giraffe ist nicht kurz, er ist ▮.
Die Maus ist nicht groß, sie ist ▮.
Das Fell des Hamsters ist nicht hart, es ist ▮.
Der Wurm ist nicht dick, er ist ▮.

 **3** Finde eigene Sätze mit Gegensatzpaaren
und schreibe sie auf.

**ACHTUNG** **ACHTUNG** **ACHTUNG**

**Das haben wir herausgefunden!**

Viele **Adjektive** können **Gegensätze**
beschreiben: klein – groß

› Adjektive verwenden, um genau zu beschreiben
› Wissen über Wortarten anwenden
› sprachliche Begriffe kennen: Gegensatz

› Arbeitsheft, Seite 75
›

# Mit Adjektiven genau beschreiben

**1** Entscheide dich für ein Buch und beschreibe es genau.
Setze passende Adjektive ein.

Das ▌ Buch hat einen ▌ Einband.
Auf dem Bild ist ein ▌ Hund. Er hat
▌ Pfoten. An den ▌ Ohren hat er
▌ Haare. Sein Schwanz ist ▌.

**2** Schreibe den Text auf.
Kreise die eingesetzten Adjektive ein.

**3** Wähle eine Schultasche und beschreibe sie.

**4** Lass ein anderes Kind erraten,
welche Schultasche du beschreibst.

---

› mit Sprache experimentell und spielerisch umgehen
› Adjektive verwenden, um genau zu beschreiben
› Wissen über Wortarten anwenden

› Arbeitsheft, Seite 72, 73, 74
›

 **1** Erzähle zum Bild.

 **2** Beschreibe das Bild genau. Suche zu den Nomen passende Adjektive. Schreibe so: Auf der <u>grünen</u> Wiese wachsen ...

 **3** Ergänze passende Adjektive und schreibe die Anleitung auf.

> Male ein Strichmännchen. Das Strichmännchen trägt einen
> ▪ Hut. Es hat eine ▪ Blume in der Hand. An den Beinen trägt
> es eine ▪ Hose. Das Strichmännchen trägt ein ▪ T-Shirt.
> Seine ▪ Schuhe sind ▪.

 **4** Diktiere einem Partnerkind deine Anleitung.
Vergleicht und wechselt die Rollen.

Seite 125

> mit Sprache experimentell und spielerisch umgehen
> Adjektive verwenden, um genau zu beschreiben
> Wissen über Wortarten anwenden

> Arbeitsheft, Seite 72, 73, 74
> ▶

 **1** Lies die Wörter halblaut.

| der Vulkan | viel | nervös | der Verein |
|---|---|---|---|
| das Video | nerven | brav | die Villa |
| der Vater | voll | vorn | der Vampir |
| die Kurve | von | vielleicht | das Klavier |

 **2** Bei welchen Wörtern klingt der Anfang wie bei **Vogel**, bei welchen wie bei **Vase**? Schreibe in eine Tabelle:

| V/v klingt wie bei Vogel | V/v klingt wie bei Vase |
|---|---|
| viel | der Vulkan |
| ... | ... |

 **3** Setze die Wörter in den Text ein und schreibe ihn auf. Kreise Lupenstellen ein.

Seite 120

| Villa | Klavier | Veranda | nervös | Vampire | viele |
|---|---|---|---|---|---|

▇ gibt es nur in Geschichten. Sie leben oft im Keller einer alten ▇. Eine ▇ ist vor dem Haus. In alten Filmen spielen sie immer auf dem ▇. Das macht ▇ Zuschauer ▇.

 **4** Wähle fünf Wörter aus Aufgabe 1 aus und schreibe eigene Sätze oder eine Geschichte dazu auf.

 **5** Schlage die Nomen in der Wörterliste nach. Schreibe sie richtig auf und kreise Lupenstellen ein.

Seite 122

› rechtschreibwichtige Wörter normgerecht schreiben
› Rechtschreibstrategien verwenden: Merken, Einprägen
› Rechtschreibhilfe verwenden: Wörterliste
› Arbeitsheft, Seite 76

**1** Schreibe die Wörter in dein Heft. Kreise die Lupenstelle ein.

> Ta■i   Mi■er   He■e   ■ylofon   A■t   Ni■e   Bo■er   Le■ikon

**2** Schreibe mit den Merkwörtern ganze Sätze.

**3** Schreibe die Wörter auf. Kreise die Lupenstelle ein.

> Bab■   Hand■   Pon■   ■ak   ■oga   Tedd■   Hobb■

**4** Schreibe mit den Merkwörtern ganze Sätze.

Seite 120

**5** Übe die Wörter aus Aufgabe 1 und Aufgabe 3 gemeinsam mit einem Partnerkind.

Wörter mit y am Wortende kommen oft aus der englischen Sprache. Das y wird wie i gesprochen.

Seite 121

> rechtschreibwichtige Wörter normgerecht schreiben
> Rechtschreibstrategien verwenden: Merken, Einprägen
> besondere Buchstaben kennen: x und y

› Arbeitsheft, Seite 77

 **1** Lies die Wörter halblaut.
Finde die Wortgrenzen und mache eine Lesepause.

Seite 123

CAMPINGCLOWNCREMECOWBOYCOLACOUCHCITYCONTAINERCORNFLAKESCOMICS

 **2** Bei welchen Wörtern klingt der Anfang wie bei **Computer**?
Schreibe die Wörter auf.

 **3** Welche Wörter sind hier durcheinandergeraten?
Schreibe die Wörter richtig auf.

| | | | | |
|---|---|---|---|---|
| Cbowyo | Coal | miCoc | chuoC | Conlw |

 **4** Schreibt die Merkwörter auf Kärtchen. Zieht abwechselnd
und erklärt die Merkwörter mit eigenen Worten.
Das Partnerkind muss erraten, was du erklärst.

Das ist ein Getränk,
das sehr süß schmeckt.
Es ist dunkelbraun.

Cola!

Seite 120

---

› rechtschreibwichtige Wörter normgerecht schreiben
› Rechtschreibstrategien verwenden: Merken, Einprägen
› besondere Buchstaben kennen: c

› Arbeitsheft, Seite 78

**1** Wie heißen die Nomen?

B■■re    M■■s    B■■t    P■■r    W■■ge

H■■r    S■■    T■■    M■■r    B■■t

**2** Schreibe die Nomen mit ihrem bestimmten Artikel geordnet auf.
Kreise die doppelten Vokale ein. Schreibe in eine Tabelle:

| aa | ee | oo |
|----|----|----|
| die Haare | der Tee | ... |

**3** Setze passende Wörter ein
und schreibe die Sätze auf.

Seite 120

M■■r    F■■    Schn■■    Z■■    Kl■■

Ich liebe Tiere und gehe oft in den ■. Eine gute ■ kann zaubern.
Im ■ ist die Erde ständig nass. Wenn ■ vier Blätter hat, soll er
Glück bringen. Im Winter spiele ich gern im ■.

**4** Schreibt und malt Kärtchen
zu allen Merkwörtern,
die ihr kennengelernt habt.
Spielt ein Paarspiel.

Seite 126

› rechtschreibwichtige Wörter normgerecht schreiben      › Arbeitsheft, Seite 79
› Rechtschreibstrategien verwenden: Merken, Einprägen
› besondere Buchstabenfolgen kennen: Doppelvokal

# Eine Geschichte überarbeiten

 **1** Paul stellt sich vor, was passiert sein könnte. Erzähle.

Ich glaube, das ist passiert ...

 **2** Lies den Text und vergleiche mit dem Geschichtenpfad unten. Was fällt dir auf? Tausche dich mit einem Partnerkind aus.

> 🔴 Die beiden Männer im blauen Wagen fahren mit quietschenden Reifen weg.
>
> 🟢 Sie zerren Murmel und Uno in den Wagen.
>
> 🟡 Aus dem Wagen steigen zwei Männer aus.
>
> ⚫ Murmel und Uno spielen auf dem Sportplatz.
>
> 🔵 Ein blauer Lieferwagen fährt mit rasantem Tempo um die Kurve und hält vor dem Sportplatz.

 **3** In welcher Reihenfolge sollen die Sätze stehen? Notiere die Reihenfolge der farbigen Punkte.

 **4** Schreibe den Text in der richtigen Reihenfolge auf.

- Murmel und Uno spielen

- Murmel und Uno im Wagen

- Lieferwagen vor dem Sportplatz
- zwei Männer

- Männer fahren weg

Seite 129

› nach Anregung eigene Texte schreiben
› strukturiert und adressatengerecht schreiben
› eigene Texte planen und schreiben: Geschichte
› Arbeitsheft, Seite 80

**1** Das ist Uno und Murmel wirklich passiert! Erzähle.

Das ist passiert!

**2** Schreibe Notizen für einen Geschichtenpfad
zum Verschwinden von Murmel und Uno.

Seite 129

**3** Erzähle deine Geschichte einem Partnerkind.

**4** Schreibe deine Geschichte auf.
Schreibe auch, wie die Hunde wieder zurückkommen.

Diese Adjektive können
dir nützlich sein!

**5** Überprüfe, ob vor den Nomen
passende Adjektive stehen,
und verbessere deine Geschichte.

bunt
besorgt
verspielt

**6** Stellt eure Geschichten in der Klasse aus.
Schreibe dafür deine Geschichte
auf ein Schmuckblatt und gestalte es.

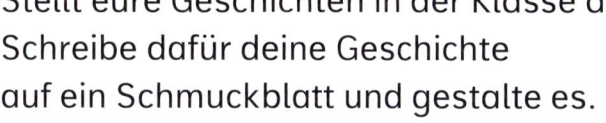

Uno und Murmel in Not

An einem schönen Tag flitzen Uno und Murmel über
die Wiese im Park. Sie entdecken ein tollen Schmetterling
und wollen ihn fangen. Der Schmetterling fliegt über
einen kleinen Zaun und die Hunde hüpfen hinterher.
Plötzlich ...

› Textproduktion durch die Anwendung
 von sprachlichen Operationen unterstützen
› Text sprachlich optimieren und veröffentlichen

› Arbeitsheft, Seite 80

# UNTER DER LUPE

**1** Lies den Lupentext.

> **Im Feenland**
> Viele nervöse Hexen hüpfen durch das bunte Feenland.
> Sie springen über kleine Meere und funkelnde Seen
> aus süßer Cola.
> Die braven Nixen essen knusprige Cornflakes
> und trinken frischen Saft dazu.
> Clowns sind witzig. Ihr lustiges Hobby ist es,
> ihre Haare in warmen Tee zu tunken.
> Die Feen lieben den Duft von Vanille.
> Sie stellen die schönen Blüten in Vasen.

Seite 121

**2** Finde Adjektive und schreibe sie auf.

**3** Woran erkennst du Adjektive?
Erkläre es deinem Partner.

**4** Schreibe alle Merkwörter mit ihrem Artikel
aus dem Text heraus. Kreise die Lupenstellen ein.

**5** Sortiere die Merkwörter. Schreibe sie in eine Tabelle:

| X/x-Y/y-Wörter | V/v-Wörter | C/c-Wörter | Doppelvokal |
|---|---|---|---|
| ... | ... | ... | |

› Übungsformen selbstständig nutzen
› über Fehlersensibilität und Rechtschreibgespür verfügen
› an Wörtern und Texten arbeiten

› Arbeitsheft, Seite 81

**1** In dem Satz sind fünf Fehler versteckt.
Finde die Fehler und schreibe den Satz verbessert auf.

> Am Abent legen sich die neten bewohner des Fenlandes
> in ein tiefes Moostal, um zu schlafn.

**2** Schreibe die verbesserten Wörter untereinander.
Zeichne ein passende Strategiesymbol neben jedes Wort.
Schreibe so: Abend ↪ – viele Abende, ...

**3** Welche Wörter sind Nomen? Welche sind Verben?
Und welche sind Adjektive? Schreibe die Wörter auf:
- Nomen mit ihrem bestimmten Artikel
- Verben mit der ich-Form
- Adjektive mit einem Beispiel

> nervös    verstecken    Boxer    Pony
> Computer    brav    Saal    vermuten
> witzig    hüpfen    frisch    stellen

**4** Wähle drei Wörter aus dem Lupentext aus
und nimm sie unter die Lupe.
Schreibe alles auf, was du zu den Wörtern weißt.

Seite 123

---

› Rechtschreib- und Grammatikwissen anwenden
› Begründungen und Erklärungen geben
› grundlegende sprachliche Begriffe und Strukturen kennen

› Arbeitsheft, Seite 82

# Detektivwissen überprüfen

Ich kann jetzt …
Ich möchte noch üben …

Ich habe gelernt, dass …

- eine Geschichte planen und schreiben
- Adjektive kennen
- Merkwörter üben

Seite 124

**richtig**   **falsch**

**Ich kenne mich bei Adjektiven aus.**

Adjektive beschreiben ein Nomen genauer.    (f) (t)

Adjektive werden im Satz
immer kleingeschrieben.    (G) (L)

Adjektive verändern sich,
wenn sie vor Nomen stehen.    (H) (+)

Adjektive stehen immer vor Verben.    (q) (ä)

**Ich kenne mich mit Merkwörtern aus.**

Alle Merkwörter werden großgeschrieben.    (H) (/)

Merkwörter schreibt man immer mit **C/c**.    (L) (4)

100

› über Lernerfahrungen sprechen
› eigenen Lernstand einschätzen und Lernschritte planen
› Lernergebnisse präsentieren

Schaue zuerst auf Seite 124!

# Kapitel 6

## träumen – fragen – nachdenken

Lasst uns doch ein Geschichtenbuch schreiben!

## Eine Fantasiegeschichte schreiben und erzählen

1. Worum geht es in meiner Geschichte?
2. Wie fängt es an? Was passiert? Wie endet es?
3. Beschreibe ich alles ganz genau?
4. Kann man alles verstehen?
5. Ist meine Überschrift passend?

In meiner Geschichte begegne ich einem wilden Drachen …

Geschichtenpfad

Anfang

Schluss

# Fantasiegeschichten planen und schreiben

**Anfang**

Ich beame mich auf den Weg. Nach kurzer Zeit lande ich …

Plötzlich kommt etwas auf mich zu. Es ist ein …

Er hat …

… in der Hand und bittet mich um Hilfe.

Gemeinsam gehen wir los.

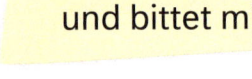

**1** Plane den Anfang deiner Fantasiegeschichte. Entscheide dich immer für eine Möglichkeit und nutze den Geschichtenpfad.

**2** Erzähle den Anfang deiner Fantasiegeschichte einem Partnerkind. Frage es: Konntest du dir den Anfang meiner Geschichte gut vorstellen?

Seite 125

**3** Schreibe den Anfang deiner Fantasiegeschichte auf. Schreibe so: Ich beame mich auf den Weg …

---

› funktionsangemessen sprechen: erzählen
› gezielt nachfragen
› sprachliche Mittel und Ideen sammeln

› Arbeitheft, Seite 83, 85

# Fantasiegeschichten schreiben

In der Ferne sehen wir ...

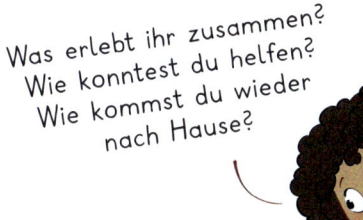

Was erlebt ihr zusammen?
Wie konntest du helfen?
Wie kommst du wieder
nach Hause?

*Schluss*

**1** Was passiert nun? Nutze den Geschichtenpfad
und Lulus Fragen.
Die Wörter aus der Schatzkiste können dir helfen.

Seite 129

**2** Erzähle einem Partnerkind, wie die Geschichte
weitergeht und wie sie endet.
Frage es: Konntest du der Geschichte folgen?
Was hat dir an meiner Geschichte am besten gefallen?

Eine Überschrift
ist wie ein Name
für deine Geschichte.
Eine Überschrift
schreibst du groß.

**3** Schreibe deine Geschichte auf.

**4** Finde eine passende Überschrift
für deine Fantasiegeschichte.

| | | | |
|---|---|---|---|
| die Insel | spielen | springen | fahren |
| lieb | der Baum | gehen | der Tag |
| das Ende | das Rad | rennen | leben |
| sprechen | spannend | der Brief | wohnen |
| das Gras | suchen | fliegen | laut |

Seite 121

› Lernergebnisse geordnet festhalten
› strukturiert und adressatengerecht schreiben
› nach Anregungen eigene Texte schreiben: Fantasiegeschichte

› Arbeitheft, Seite 84, 85

 **1** Lies, was Umut gern tut.
Schreibe die fett gedruckten Wörter untereinander.

> Ich **spiele** gern Fußball. Zu Hause habe ich
> viele **Spielsachen**. Viele **Spiele** machen
> mit einem **Spielpartner** mehr Spaß. Im Sommer
> treffe ich mich oft mit Freunden auf dem **Spielplatz**.

 **2** Was fällt dir auf?
Tausche dich mit einem Partnerkind aus.

Auch in anderen Sprachen gibt es Wortfamilien, manche klingen sogar ähnlich wie im Deutschen. Zum Beispiel auf Englisch: friend, friendly, friendship.

 **3** Kreise den Teil der Wörter ein,
der immer gleich bleibt.

 **4** Ordne die Wörter. Schreibe die verwandten Wörter
untereinander. Kreise den Wortstamm ein.

> der Freund  erleben  freundlich  leben  lebendig  befreundet
> die Freundin  das Lebewesen  die Freundschaft  anfreunden
> unfreundlich  das Erlebnis  das Leben  überleben  vorleben

**ACHTUNG** **ACHTUNG** **ACHTUNG**

**Das haben wir herausgefunden!**

Verwandte Wörter haben einen Wortteil,
der **gleich** ist. Das ist der **Wortstamm**.
Diese Wörter gehören zu einer **Wortfamilie**.

Alle Wörter verbindet eine ähnliche **Bedeutung**:
die Freunde, befreundet, freundlich

Einen Wortstamm kann man durch **Wortbausteine** erweitern:
die Freundschaft, anfreunden, unfreundlich

› Wörter strukturieren
› mit Sprache experimentell und spielerisch umgehen
› sprachliche Begriffe kennen: Wortfamilie, Wortstamm
› Arbeitsheft, Seite 86
› ▶

 **1** Finde heraus, von welchen beiden Wortfamilien Elsa träumt.
Schreibe sie in eine Tabelle. Kreise den Wortstamm ein.

endlich
die Endstation
beschreiben   beenden
das Endspiel   endgültig
unendlich   enden   schreiben
der Schreiber   verschreiben
die Schreibschrift
aufschreiben

 **2** Finde weitere Wörter zu den beiden Wortfamilien.
Schreibe sie dazu. Kreise den Wortstamm ein.

 **3** In dem Text verstecken sich Wörter einer Wortfamilie.
Schreibe die Wörter auf. Kreise den Wortstamm ein.

Paul und Elsa hören sich heute
gemeinsam Umuts neue CD an.
Paul hört Musik am liebsten
so laut, dass sogar seine Oma
ohne Hörgerät noch zuhören kann.
Elsa mag gern Hörspiele, vor allem
zum Einschlafen am Abend.
Aber nicht zu leise, sonst verhört
sie sich so leicht, obwohl sie ja
nicht schwerhörig ist.

 **4** Finde weitere Wörter zu dieser Wortfamilie.

› Wörter strukturieren
› mit Sprache experimentell und spielerisch umgehen
› sprachliche Begriffe kennen: Wortfamilie, Wortstamm

› Arbeitsheft, Seite 88
›

105

 **1** Wie viele Wörter kannst du mit den Wortbausteinen bilden?
Schreibe sie auf. Kreise in jedem Wort den Wortstamm ein.

| ab- | ein- | be- | aus- | auf- | er- | nach- | bauen |

 **2** Schau dir die Bilder genau an. Was tun die Detektive?

Der Detektiv will das Baumhaus ▮bauen.

 **3** Schreibe zu jedem Bild einen Satz.
Verwende passende Wortbausteine.

Sprache funktioniert wie
ein kleiner Wortbaukasten.
Mit Wortbausteinen
kannst du neue Wörter bauen.

 **4** Tausche dich mit einem Partnerkind aus.
Begründet und vergleicht eure Ergebnisse.

Seite 125

ACHTUNG ACHTUNG ACHTUNG

**Das haben wir herausgefunden!**

**Vorangestellte Wortbausteine**
verändern die Bedeutung von Wörtern:
lesen:
**vor**lesen, **mit**lesen, **nach**lesen, **ver**lesen

› Möglichkeiten der Wortbildung kennen
› mit Sprache experimentell und spielerisch umgehen
› sprachliche Begriffe kennen: Wortbausteine

› Arbeitsheft, Seite 87
› ▶

 **1** Was stimmt hier nicht?
Tausche dich mit einem Partnerkind aus.

Seite 125

> Umut möchte heute seinen neuen Tanz führen.
>
> Paul kann die Lehrerin nicht stehen.
>
> Elsa soll ihr Lieblingsbuch der ganzen Klasse stellen.
>
> Lulu muss dringend ihre Hausaufgaben bessern.

 **2** Schreibe die Sätze richtig auf.

Probiere die Wortbausteine ver- und vor-.

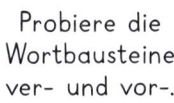

 **3** Bilde mit den Wortbausteinen **vor-** und **ver-** neue Verben.

> stellen   tragen   raten   schlafen   folgen   machen   stecken

 **4** Schreibe zehn sinnvolle Sätze.

 **5** Setze den passenden Wortbaustein ein.
Schreibe die Sätze ab.

> Die Detektive müssen einen neuen Fall lösen,
>
> denn Uno ist $\frac{ver}{vor}$ schwunden. Erst wollen es die Kinder
>
> im Schuppen $\frac{ver}{vor}$ suchen. Dort können sie Uno jedoch
>
> nicht $\frac{ver}{vor}$ finden. Da schnüffelt Murmel aufgeregt und läuft los.
>
> So können die Detektive Unos Spur $\frac{ver}{vor}$ folgen. Die Spur führt
>
> zum Detektivbüro. Uno wollte wohl schon $\frac{ver}{vor}$ laufen.

---

› Möglichkeiten der Wortbildung kennen
› Bedeutungen untersuchen und reflektieren
› sprachliche Begriffe kennen: Wortbausteine

› Arbeitsheft, Seite 87
›

 **1** Was sagen die Kinder? Lies genau.

Ich suche hinter dem Schuppen.

Du suchst vor dem Schuppen.

Ihr sucht im Schuppen.

Sie suchen zusammen.

Komm, **wir** suchen zusammen.

Er sucht neben dem Schuppen.

 **2** Schreibe die Verben auf. Kreise den Wortstamm ein.
Was fällt dir auf?

 **3** Schreibe Sätze. Ergänze die passende Verbform
und kreise den Wortstamm ein.

| Ich | Du | Er | Wir | Ihr | Sie |

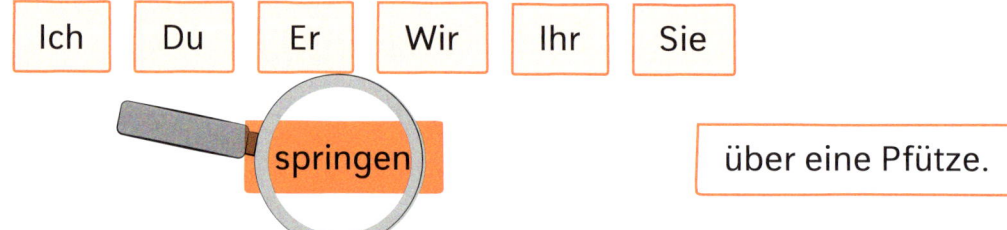

springen

über eine Pfütze.

ACHTUNG          ACHTUNG          ACHTUNG

**Das haben wir herausgefunden!**

Verben verändern ihre Endungen
in den **Personalformen**.
Der Wortstamm bleibt aber gleich:

ich schneide, du schneidest, er/sie/es schneidet,

wir schneiden, ihr schneidet, sie schneiden

---

› Regelmäßigkeiten erkennen
› sprachliche Begriffe kennen: Personalform
› Bedeutung des Satzkerns erkennen

› Arbeitsheft, Seite 88
›

 **1** Bilde zum Wortstamm Turn/turn eine Wortfamilie. Schreibe sie auf.

**Turn**
-schuhe  -verein
-halle  -er

**turn**
vor-  ge-  nach-
-en  -t

 **2** Bilde mit dem Wortstamm Renn/renn eine Wortfamilie. Schreibe die Wörter auf. Findest du noch weitere Wörter?

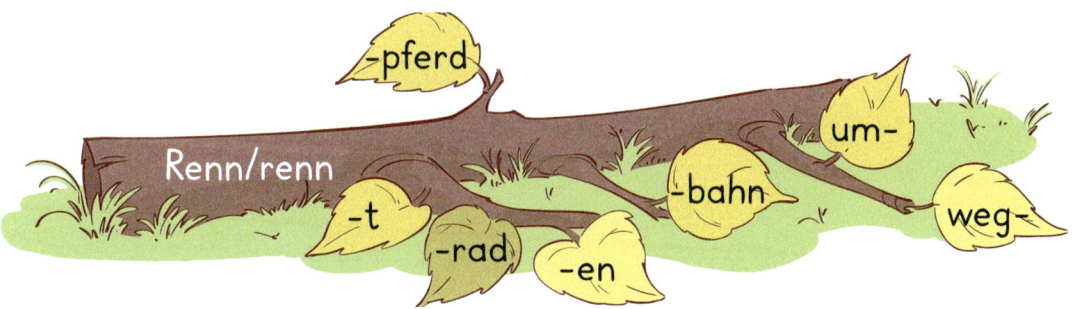

-pferd

um-

Renn/renn

-bahn

weg-

-t

-rad

-en

 **3** Bilde mit einem Partnerkind mit den Wortstämmen Such/such, Roll/roll, Putz/putz Wortfamilien. Schreibt sie auf. Wie viele Wörter könnt ihr finden?

 **4** Schreibt eure größte Wortfamilie auf ein Plakat und präsentiert es in eurer Klasse.

---

› Möglichkeiten der Wortbildung kennen
› mit Sprache experimentell umgehen
› Wörter sammeln und ordnen

› Arbeitsheft, Seite 89
›

**1** Haben die Detektive recht? Erkläre.

Wie schreibe ich Re*nn*strecke?

Schau dir doch die Wortfamilie an, dann weißt du es.

Das Wort hat den gleichen Wortstamm wie rennen.

rennen, er rennt, also die Rennstrecke

**2** Ordne die Wörter dem passenden Wortstamm zu.
Schreibe sie geordnet auf und kreise den Wortstamm ein.

**lieb**

Maler gemalt verlieben übermalen lieben liebreizend
Malkittel Malkasten Liebe Liebling geliebt malen

**mal**

**3** Finde passende Wörter zu den Wortstämmen.
Schreibe die Wortfamilien geordnet auf
und kreise den Wortstamm ein.

Steck/steck   Teil/teil   Wohn/wohn

ACHTUNG   ACHTUNG   ACHTUNG

so gehen wir vor:

Den **Wortstamm** einer Wortfamilie
schreibst du immer **gleich**:

der Freund, befreundet,

die Freundschaft, freundlich

› Rechtschreibstrategien verwenden: Wortstamm beachten
› morphematische Strategie anwenden
› Schreibweisen des Wortstamms auf Wortfamilie übertragen

› Arbeitsheft, Seite 90
›

110

**1** Schau dir die Wortfamilie genau an. Was fällt dir auf?

Flugzeug  fliegen  Flughafen  Flieger
geflogen  verfliegen  auffliegen
umfliegen  wegfliegen  Abflug

*Bei manchen Wortfamilien verändert sich der Wortstamm ein wenig. Dennoch bleibt er ähnlich.*

**2** Schreibe die Wortfamilie geordnet ab.
Kreise den Wortstamm ein.

**3** Welche Wörter sind miteinander verwandt?
Schreibe die Wortfamilien geordnet auf.
Kreise den Wortstamm ein.

> gesungen  werfen  Wurf  vorsingen  geworfen  singen
> einwerfen  Weitwurf  wegwerfen  Gesang  versingen

**4** Bilde mit einem Partnerkind möglichst
viele verwandte Wörter zum Wortstamm Fahr / fahr.
Schreibt sie auf und kreist den Wortstamm ein.

› Rechtschreibstrategien verwenden: Wortstamm beachten     › Arbeitsheft, Seite 91
› morphematische Strategie anwenden     › ▶
› Schreibweisen des Wortstamms auf Wortfamilie übertragen

111

**1** Warum weiß Umut nicht, wie er das Wort schreiben muss?

das Rad, also die Räder

R<sup>ä</sup><sub>e</sub> der?

Wenn es ein verwandtes Wort mit a gibt, schreibst du ä.

**2** Welche Wörter sind miteinander verwandt?
Schreibe sie ab. Schreibe so: der Sack – die Säcke, ...

| | | |
|---|---|---|
| Sack | Glas | Land |
| Gras | Wand | Rand |
| Bad | Hand | Mann |

| | | |
|---|---|---|
| Bäder | Hände | Männer |
| Säcke | Gräser | Wände |
| Länder | Ränder | Gläser |

**3** Zu welchen Wörtern findest du Verwandte mit **a** im Wortstamm?
Schreibe so: der Abfall – die Abfälle, ...

die Abf▉lle  wir r▉chnen  die Schw▉mme  l▉cker  er tr▉gt
die Schw▉ne  die W▉lder  st▉rker  die B▉cher  sie f▉hrt

ACHTUNG     ACHTUNG     ACHTUNG

**so gehen wir vor:**

Im Wort klingen **ä** und **e** gleich.
Wenn es ein **verwandtes Wort** mit **a**
im Wortstamm gibt, dann schreibst du **ä**:
die Hand → also die Hände,
das Gras → also die Gräser

› Rechtschreibstrategien verwenden: Wortstamm beachten
› morphematische Strategie anwenden: Ableiten
› Schreibweisen des Wortstamms auf Wortfamilie übertragen
› Arbeitsheft, Seite 92
›

 **1** Warum weiß Elsa nicht, wie sie das Wort schreiben muss?

> B <sup>äu</sup> eu me?

> Wenn es ein verwandtes Wort mit au gibt, schreibst du äu.

> der Baum also die Bäume

 **2** Welche Wörter sind miteinander verwandt?
Schreibe sie ab. Schreibe so: die Maus – die Mäuse, ...

| | | |
|---|---|---|
| Maus | Baum | Raum |
| Traum | Faust | Haus |
| | Laus | Zaun |

| | | |
|---|---|---|
| Träume | Läuse | Mäuse |
| Fäuste | Bäume | Häuser |
| | Räume | Zäune |

 **3** Zu welchen Wörtern findest du Verwandte mit **au** im
Wortstamm? Schreibe so: das Haus – die Häuser, ...

die B■len  die Sch■ne  n■n  der Verk■fer  fr■ndlich
die Schl■che  die B■che  sie l■chten  die Sch■me  er l■ft

**ACHTUNG**  **ACHTUNG**  **ACHTUNG**

**so gehen wir vor:**

Im Wort klingen **äu** und **eu** gleich.
Wenn es ein **verwandtes Wort** mit **au**
im Wortstamm gibt, dann schreibst du **äu**:
das Haus  →  also die Häuser,
der Baum  →  also die Bäume

› Rechtschreibstrategien verwenden: Wortstamm beachten
› morphematische Strategie anwenden: Ableiten
› Schreibweisen des Wortstamms auf Wortfamilie übertragen

› Arbeitsheft, Seite 93
›

**1** Sammelt gemeinsam Ideen für eine Fantasiegeschichte.

Seite 126

Fantasiegeschichte

Zwerg

sprechende Bäume

Fee

Riese

**2** Plane deine Geschichte
mit dem Geschichtenpfad.

Seite 129

*Anfang*

An einem sonnigen Samstagmittag möchte ich
meine Großeltern besuchen. Dafür muss ich
durch ein Stück Wald spazieren.
Oma sagt immer, es sei ein Zauberwald.
Doch bisher merke ich davon noch nichts.
Fröhlich gehe ich los.

Da klingelt mein Wecker
und ich muss aufstehen.

*Schluss*

**3** Erzähle deine Fantasiegeschichte einem Partnerkind.
Frage es: Konntest du meine Geschichte verstehen?

**4** Schreibe deine Geschichte auf.
Finde auch eine passende Überschrift.

› funktionsangemessen sprechen: erzählen
› gezielt nachfragen
› sprachliche Mittel und Ideen sammeln

› Arbeitsheft, Seite 85

Seite 130

**1** Führt eine Schreibkonferenz durch.

**2** Trage die Rückmeldungen in eine Checkliste ein.

### Checkliste

Ich habe eine passende Überschrift für meine Geschichte gefunden.

Meine Geschichte hat eine gute Reihenfolge.

Meine Geschichte hat einen passenden Schluss.

Das möchte ich ändern:

**3** Überarbeite deine Geschichte.
Entscheide selbst, welche Tipps du nutzt.

**4** Gestalte deine Geschichte für ein Klassen-Geschichtenbuch.

Ich bin schon auf die Fantasiegeschichten gespannt.

Super, hier haben wir alle unsere Fantasiegeschichten gesammelt!

› nach Anregungen eigene Texte schreiben: Fantasiegeschichte    › Arbeitsheft, Seite 94
› strukturiert und adressatengerecht schreiben
› Text sprachlich optimieren und veröffentlichen

115

 UNTER DER LUPE

 **1** Lies den Lupentext.

> **Ferienträume**
> Lulu träumt von den Sommerferien. Sie freut sich schon
> ganz besonders darauf, denn sie fliegt in den Urlaub.
> Endlich kann sie wieder im Meer baden gehen. Das ist viel
> schöner als in der Badewanne zu Hause. Ein Bad im Meer
> macht großen Spaß, denn dort kann man nach versteckten
> Schätzen tauchen oder auch Fische beobachten.
> Meistens fahren sie mit den Rädern zum Strand,
> vorbei an den tollen Strandhäusern. Hoffentlich
> vergisst Papa nicht wieder seine Badehose.

Seite 121

 **2** Im Text haben sich Wörter einer Wortfamilie versteckt.
Schreibe sie auf und kreise den Wortstamm ein.

 **3** Finde weitere Wörter dieser Wortfamilie.
 Kreise den Wortstamm ein.

 **4** Erkläre, warum diese Wörter mit **ä** oder **äu** geschrieben werden.

> Ferienträume     Schätze     Räder     Strandhäuser

 **5** Wähle einen Wortstamm aus und finde so viele Wörter
wie möglich. Schreibe sie auf und kreise den Wortstamm ein.

SEH     ESS     HAND

---

› Übungsformen selbstständig nutzen
› über Fehlersensibilität und Rechtschreibgespür verfügen
› an Wörtern und Texten arbeiten

› Arbeitsheft, Seite 86, 95

**1** Finde zu den Verben passende vorangestellte Wortbausteine.
Schreibe die Verben auf.

> um-  vor-  ver-  weg-  über-  ent-  aus-  be-  auf-
>
> ■stecken   ■stellen   ■finden   ■lassen

**2** Ergänze die Wortbausteine und schreibe den Text ab.

> Elsa fährt in den Ferien wieder ins Zeltlager.
> Im Wald kann man sich super ■stecken.
> Wenn es mal regnet, können die Kinder
> Figuren aus Holz ■stellen.
> Oft ■finden sie auch neue Spiele.
> Nach den zwei Wochen will keiner
> das Zeltlager ■lassen,
> weil alle so viel Spaß hatten.

**3** Finde im Text oben alle Nomen
und schreibe sie mit dem unbestimmten Artikel auf.
Bilde anschließend die Einzahl oder Mehrzahl.

**4** Wähle drei Wörter aus dem Kasten aus
und nimm sie unter die Lupe. Schreibe alles auf,
was du zu den Wörtern weißt.

> Meer   Wald   versteckten   Sommerferien   kann
> großen   vergisst   träumt   Fische   verlassen

Seite 123

› Rechtschreib- und Grammatikwissen anwenden   › Arbeitsheft, Seite 87, 96
› Begründungen und Erklärungen geben
› grundlegende sprachliche Begriffe und Strukturen kennen

# Detektivwissen überprüfen

Ich habe gelernt, dass …
Ich kann jetzt …
Ich möchte noch üben …

- eine Fantasiegeschichte planen und schreiben
- Wortstämme und Wortbausteine kennen
- den Wortstamm für die Rechtschreibung nutzen

Seite 124

**Ich kenne mich aus bei Wortfamilien.**

richtig  falsch

Wörter einer Wortfamilie
haben den gleichen Wortstamm.

Z  U

Jeder Wortstamm hat
mindestens fünf Silben.

?  L

Wörter einer Wortfamilie
schreibt man immer groß.

8  =

Wörter einer Wortfamilie
haben eine ähnliche Bedeutung.

J  9

**Ich kenne mich aus bei Wörtern mit ä/e und äu/eu.**

Alle Wörter mit **äu** sind Verben.

!  K

Gibt es ein verwandtes Wort mit **a**,
schreibe ich **ä**.

1  #

Schaue zuerst auf Seite 124!

> über Lernerfahrungen sprechen
> eigenen Lernstand einschätzen und Lernschritte planen
> Lernergebnisse präsentieren

**Du möchtest in dein Heft schreiben?**

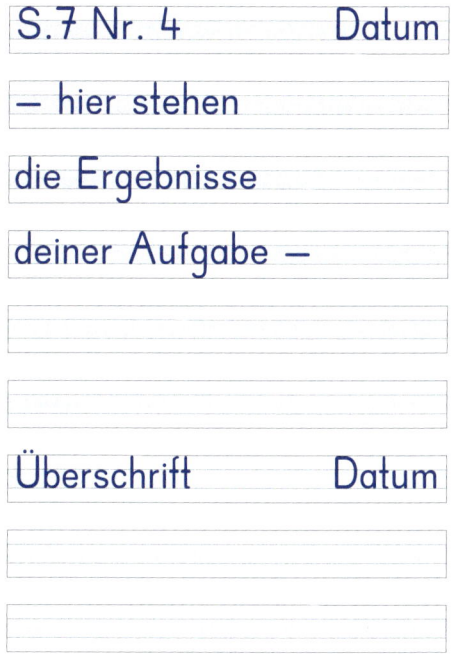

S. 7 Nr. 4       Datum

– hier stehen

die Ergebnisse

deiner Aufgabe –

Überschrift       Datum

## Ordnung im Heft

- Beginne in deinem Heft immer links. Schreibe die **Seite** und die **Nummer** der **Aufgabe** auf, dann das **Datum** in die Linien.

- Halte einen **Abstand** von zwei Linien zwischen den Aufgaben.

- Manchmal gibt es keine Seite oder Nummer, dann schreibe eine passende **Überschrift** in dein Heft.

**Du möchtest einen Text abschreiben?**

## Richtig abschreiben

1. **Lies** den ganzen Text.
2. **Lies** dann Satz für Satz.

3. **Sprich deutlich und beachte Lupenstellen.**

4. **Merke** dir den Satz in einzelnen Abschnitten. Diese können ein Wort oder mehrere Wörter sein.

5. Achte auf die einzelnen **Silben und Buchstaben**.

6. **Schreibe** das Wort und die Wörter.
7. Schreibe auch die **Satzzeichen**.

8. **Kontrolliere** den Satz direkt, indem du ihn noch einmal liest, und vergleiche mit dem Text.

9. Wenn nötig: **Verbessere** deine Wörter und schreibe sie noch einmal richtig auf.
Pinsl

› Texte zweckmäßig und übersichtlich gestalten
› äußere Form von Texten gestalten
› Arbeitstechniken nutzen: methodisch sinnvoll abschreiben

Du möchtest dir etwas merken?
Zum Beispiel schwierige Wörter?

**Gedächtnistricks**

**Eselsbrücke** → Wort-Geschichten oder Buchstaben-Bilder erfinden
Beispiele:
- V-Wörter: Der **V**ater sitzt mit **v**ier **V**ettern auf der **V**eranda.
- Z-Wörter: In den **Z**oo **z**iehen **z**wei **Z**ebras ein.
- Bilder, die so aussehen wie Buchstaben: V = 🌼 , fallen = F

**Ordnen** → Wörter ordnen, die du üben möchtest
Markiere zuerst Lupenstellen.
Überlege dann, wie du die Wörter ordnen willst.
Beispiele:

*Übe die Wörter regelmäßig.*

- nach Reimen: kennen – rennen – pennen
- nach Anfangsbuchstaben: **L**ehrer – **L**ineal – **L**ampe
- nach Lupenstellen: Wal**d** – Fel**d** – Ran**d**
- nach Bedeutung: laufen – gehen – rennen

**Fotografieren** → Wörter mit den Augen fotografieren
Sieh dir das schwierige Wort ganz genau an.
Fotografiere das Wort mit deinen Augen.
Dann kannst du dich an das Wort wie an ein Bild erinnern.
Schreibe genau so.

*Deine Ohren helfen dir beim Merken.*

**Lauschen** → durch das Ohr in den Kopf leiten
Lies das schwierige Wort halblaut
und deutlich in Silben.
Schreibe das Wort auf und sprich dabei halblaut mit.

**Vorstellen** → malen und merken
Male für schwierige Wörter ein Bild
und beschrifte es. Beispiel:

› Gedächtnisstrategien kennen und anwenden
› eigene Lernerfahrungen beschreiben und anwenden
› Übungsformen selbstständig nutzen

# Du möchtest Wörter üben?

## Wörtertraining

1.  Lies das Wort
und sprich dabei deutlich Laut für Laut.

2.  Schwinge die Silben. Achte auf die Silbenkerne.

3.  Überlege, ob du eine Strategie anwenden kannst.

4.  Merke dir schwierige Stellen.

5.  Schreibe das Wort Laut für Laut auf.

6.  Vergleiche.

7.  ~~Pinst~~ Berichtige Fehler.

8.  Kreise schwierige Stellen ein.

So kannst du Wörter jeden Tag üben:
- Partnerdiktat
- Schleichdiktat
- Lieblingsfehlerliste
- nach dem Abc ordnen
- nach Anzahl der Silben ordnen
- nach Strategie ordnen
- nach Anzahl der Buchstaben ordnen
- nach Wortarten ordnen

› geübte, rechtschreibwichtige Wörter normgerecht schreiben
› Grundwortschatz üben
› Übungsformen selbstständig nutzen

121

Du möchtest Wörter
in der Wörterliste finden?

## Wörter nachschlagen

Sprich dir das Wort deutlich vor.

Überlege, mit welchem Buchstaben
das Wort anfängt.

**A** bis **Z**

Überlege, an welcher Stelle
der Buchstabe im Abc steht.

Suche die richtige Stelle
in der Wörterliste.

Beachte auch den zweiten Buchstaben
und finde das Wort.

das **Ei,** die Eier
der **Eimer,** die Eimer
das **Eis**
der **Elefant,**
    die Elefanten
die **Eltern**
die **E-Mail,** die E-Mails
das **Ende,** die Enden
    **eng**

Wenn du ein Wort
nicht finden kannst,
überlege, ob es vielleicht
mit einem anderen Buchstaben
beginnt. Das ist manchmal
so bei Wörtern
aus anderen Sprachen.

C oder K?

F oder V?

V oder W?

› Alphabet kennen und anwenden
› Rechtschreibhilfen verwenden: Wörterliste
› über Fehlersensibilität verfügen

Du möchtest die Schreibweise
eines Wortes verstehen?

Kennst du Sprachexpertinnen
und Sprachexperten? Frage sie,
wie ein Wort in ihrer Sprache
ausgesprochen wird.

## Wörter unter der Lupe

An einem Wort kannst du sehr viele Dinge entdecken,
wenn du es unter die Lupe nimmst.
Wähle selbst aus, was du unter der Lupe entdecken möchtest.

### Ideen:
- Lies das Wort genau und markiere Lupenstellen.
- Setze Silbenbögen: Wie viele Silben hat das Wort?
- Überlege: Welche Strategie hilft beim Richtigschreiben?
- Erkläre: Warum musst du das Wort genau so schreiben?
- Überlege: Zu welcher Wortart gehört das Wort?
- Überlege: Zu welcher Wortfamilie gehört das Wort?
  Markiere den Wortstamm.
- Überlege: Welche Wörter gehören zu der gleichen Wortfamilie?
- Weißt du, wie das Wort in einer anderen Sprache heißt?
  Wie wird es ausgesprochen?

Du möchtest einen Text so lesen,
dass du ihn gut verstehen kannst?

Lies die Wörter oder Sätze so leise vor,
dass du niemanden störst:
- Deine Augen sehen die Wörter.
- Dein Mund spricht die Wörter.
- Deine Ohren hören die Wörter.
Bei Lupenstellen: Lies noch einmal.

› über Sprache und Rechtschreibung nachdenken
› über Lernerfahrungen sprechen
› Übungsformen selbstständig nutzen

Du möchtest darüber sprechen,
was du gelernt hast?

## Lerngespräche führen

Bitte deine Lehrerin oder deinen Lehrer
um ein Lerngespräch
oder suche dir ein Partnerkind.

Mache dir Notizen zu diesem Gespräch.

Erzähle deiner Lehrerin
oder deinem Lehrer:
- Das habe ich gelernt
  und verstanden: ...
- Das muss ich noch einmal
  wiederholen: ...
- So möchte ich üben: ...
- Damit fange ich an: ...

Du möchtest dein Wissen testen?

## Knack den Code

1. Lies die Sätze und überlege: richtig oder falsch?
2. Kennzeichne die Felder, zum Beispiel mit einem Knopf,
   einem Muggelstein oder einem kleinen Klebezettel.
3. Schreibe die Zeichen der Reihe nach auf.
4. Schreibe den Code in deinen Detektivpass
   oder gib ihn unter www.passwort-lupe.de ein.

› über Lernerfahrungen sprechen
› die eigene Kompetenzentwicklung einschätzen
› Lernergebnisse präsentieren

Du möchtest ein guter Gesprächspartner sein?

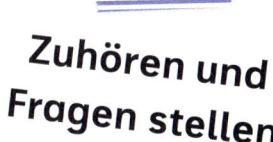
## Richtig zuhören
- Sei ruhig und aufmerksam.
- Schau den Erzähler freundlich an.
- Lass den Erzähler ausreden.
- Denke mit.

Ihr seid ein Team.
Nehmt Rücksicht
aufeinander.

## Fragen stellen
- Überlege, was du bereits zum Thema weißt.
- Melde dich für eine Frage mit beiden Händen.

- Warte ab, bis du dran bist.
- Lass den Erzähler ausreden.
- Nutze Sätze wie Habe ich richtig verstanden, dass ...? oder Ich habe noch nicht verstanden ...
- Bleibe höflich.

Du möchtest
mit einem Partnerkind arbeiten?

**Partnerarbeit**

- Triff dein Partnerkind an einer vereinbarten Stelle im Klassenraum.
- Vereinbart, wer anfängt.
- Sprich halblaut, damit ihr die anderen Kinder nicht stört.
- Lass den anderen ausreden.
- Hilf deinem Partnerkind und lass dir helfen.

› gemeinsam entwickelte Gesprächsregeln beachten
› andere in ihrem Lernprozess unterstützen
› Erfahrungen im Gespräch einbringen

Du suchst nach Ideen?

## Ideen-Lampe

- Schreibe einen Begriff in die Taschenlampe.
- Überlege, was zu diesem Begriff passt.
- Schreibe alles auf die Strahlen, was dir einfällt.

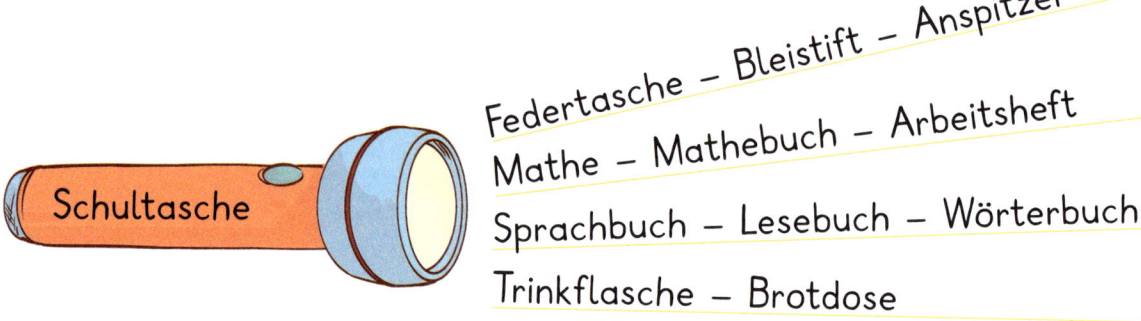

Federtasche – Bleistift – Anspitzer

Mathe – Mathebuch – Arbeitsheft

Sprachbuch – Lesebuch – Wörterbuch

Trinkflasche – Brotdose

Schultasche

Du möchtest ein Spiel spielen?

## Spielregeln festlegen

- Einigt euch: Wer fängt an?
- Legt eine Reihenfolge fest.
- Was passiert, wenn eine Frage richtig beantwortet wird?
  Zum Beispiel: Man bekommt einen Muggelstein
  oder man darf noch einmal würfeln.
- Was muss das Kind tun, das nicht richtig antwortet?
  Zum Beispiel: Es muss eine Runde aussetzen
  oder es muss einen Muggelstein abgeben.
- Legt fest: Wann ist das Spiel zu Ende? Wer gewinnt?

› Wörter sammeln und ordnen
› gemeinsam entwickelte Regeln beachten
› Arbeitsvorhaben in der Gruppe besprechen

## Du möchtest jemanden informieren?

Diese Zeichen sprichst du so: ätt

### E-Mails schreiben

 | An ... | ute@familiemeier.de

Hier die E-Mail-Adresse des Empfängers eintragen.

Cc ...

Wer soll die E-Mail noch bekommen?

Betreff: Geburtstagseinladung

Um was geht es in der E-Mail? – Eine kurze Angabe reicht!

Liebe Ute,

ich möchte dich gern zu meinem Geburtstag am Samstag einladen.
Ab 15 Uhr wollen wir gemeinsam ins Schwimmbad gehen und anschließend Pizza essen.
Sag mir bitte Bescheid, ob du dabei sein kannst.

Viele Grüße
deine Lulu

Man braucht kein Datum angeben, in der E-Mail wird automatisch ein Datum angezeigt.

Die E-Mail wird mit einer freundlichen Anrede an den Empfänger eingeleitet und endet mit einer Abschiedsformel und dem Namen des Absenders.

**SMS**

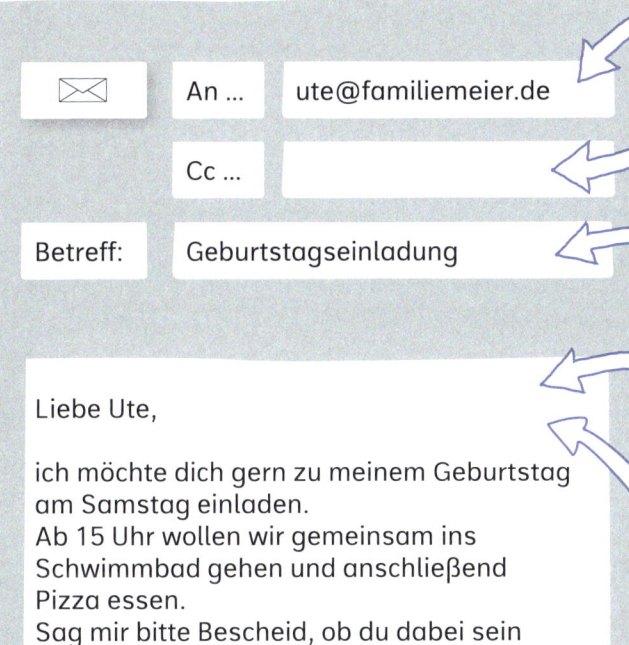

😊 Liebe Lulu,
ich sehr gern komme zu deinem Geburtstag. 👍 Was wünschst du dir denn? Freue mich schon sehr.
Bis dann, Samira 😊

Hallo Papa,
wir brauchen noch Chips und Salzstangen für mein Fest am Samstag!
Deine Lulu

**Notiz**

---

› Schreibabsicht, Schreibsituation, Adressaten
  und Verwertungszusammenhang klären
› funktionsgerecht schreiben: E-Mail, Notiz, SMS

127

Du möchtest dich
zu einem Thema informieren?

## Informationen sammeln

Es gibt verschiedene Möglichkeiten, nach Informationen
zu einem bestimmten Thema zu suchen.

- Du kannst zu Hause, in der Schulbücherei oder
  in der Stadtbücherei in **Büchern** oder **Zeitschriften** suchen.
- Manchmal kann auch ein Blick ins **Lexikon** helfen.
- Im **Internet** kommst du schnell an Informationen
  zu allen Themen, indem du eine Suchmaschine befragst.
  Allerdings musst du hier manchmal etwas länger suchen,
  bis du das richtige Suchergebnis zu deiner Suchanfrage
  finden kannst.

Du möchtest im Internet
Informationen finden?

## Kindersuchmaschine nutzen

Gib den Namen der Kindersuchmaschine in die Adressleiste ein.

www.medienwelten-westermann.de

1. Tippe **Suchbegriffe** in das **Suchfeld** ein.
2. Überprüfe, ob du die Begriffe richtig geschrieben hast.
3. Klicke auf „Suchen":

4. Es werden dir mehrere Ergebnisse angezeigt.
5. Klicke das Ergebnis an,
   das zu deiner Suchanfrage am besten passt.

> gezielt Informationen finden und wiedergeben
> in Internet recherchieren
> Suchmaschinen sinnvoll und gezielt einsetzen

Du möchtest dich an etwas erinnern können?

## Notizen schreiben

Schreibe nur **einzelne Wörter** oder **kurze Sätze** auf.
Überprüfe, ob dir deine Notizen beim Erinnern helfen.
Beispiele:

Es begann an einem schönen Sonntagmorgen. Die Freunde wollten ins Schwimmbad gehen. Doch Murmel und Uno waren verschwunden.

- schöner Sonntagmorgen
- Freunde ins Schwimmbad
- Murmel und Uno verschwunden

Paul, bitte denke an Tomaten, Salat, Butter und Milch!

- Tomaten
- Salat
- Butter
- Milch

Du möchtest deine Ideen zu einer Geschichte ordnen?

## Geschichtenpfad nutzen

1. **Überlege** dir, was du schreiben möchtest.
2. **Schreibe** einzelne Wörter und kurze Sätze auf.
3. **Lege** deine Notizen in der richtigen **Reihenfolge** auf den Geschichtenpfad.
4. **Erzähle** einem Partnerkind deine Geschichte.
5. Wenn nötig, **verändere** deine Geschichte.
6. **Schreibe** deine Geschichte in ganzen Sätzen auf.

› sprachliche Mittel und Ideen sammeln und ordnen
› strukturiert und funktionsgerecht schreiben: Notizen
› Texte an der Schreibaufgabe überprüfen

Du möchtest einen selbst geschriebenen Text überprüfen und verbessern?

Meine Geschichte heißt:
Uno und Murmels
Abenteuer ...

## Schreibkonferenz für eine Gruppe

- Verteilt die Aufgaben:
  - **Vorleser**, der seinen Text vorstellen möchte
  - **Zuhörer**
- Der Vorleser liest seinen Text langsam vor.
- Die Zuhörer hören aufmerksam zu
  und achten dabei auf die **Textmerkmale**.
- Die Zuhörer geben **Rückmeldungen**, zum Beispiel:
  - Mir hat besonders gut gefallen, dass du ...
  - Warum hast du ...?
  - Du hast darauf geachtet, dass ...
  - Du hast nicht darauf geachtet, dass ...
  - Ich habe einen Vorschlag für dich ...
- Nach jeder Runde wechseln die Rollen.

Du möchtest Rechtschreibfehler in deinem Text korrigieren?

## Texte korrigieren

- Lies deinen Text **rückwärts** von hinten nach vorn.
- Betrachte dabei jedes einzelne Wort.
  Hast du Zweifel, ob es so richtig geschrieben ist, unterstreiche es.
- Versuche mit den **Rechtschreibstrategien**,
  die richtige Schreibweise herauszufinden.
- Du hast einen **Fehler** gefunden? Streiche das falsche Wort durch
  und schreibe das richtige Wort darüber.
- Wenn du unsicher bist, überprüfe mit der **Wörterliste**.

› Texte auf Verständlichkeit und Wirkung überprüfen
› Überarbeitungsmethoden kennen und nutzen
› Texte auf orthografische Richtigkeit überprüfen und korrigieren

# Wichtige Mini-Wörter

Seite 123

| | |
|---|---|
| ab | in |
| alle | ins |
| alles | ist |
| als | ja |
| am | man |
| an | mir |
| auf | mit |
| aus | nein |
| bin | nur |
| bis | ob |
| bist | sie |
| da | sind |
| das | so |
| der | um |
| die | und |
| du | uns |
| ein | unsere |
| eine | unserem |
| einem | unseren |
| einen | unserer |
| einer | unseres |
| eines | von |
| er | vor |
| es | war |
| gleich | wenn |
| haben | wir |
| hat | zu |
| ich | zum |
| im | zur |

Montag
Dienstag
Mittwoch
Donnerstag
Freitag
Samstag
Sonntag

Januar
Februar
März      **Winter**
April
Mai       **Frühling**
Juni
Juli      **Sommer**
August
September **Herbst**
Oktober
November
Dezember

| eins | zwei | drei |
| vier | fünf | sechs |
| sieben | acht | neun |
| zehn | elf | zwölf |

hundert

---

› rechtschreibwichtige Wörter normgerecht schreiben     › Siehe Seite 122
› Rechtschreibhilfen verwenden: Wörterliste

**A**

der **Abend,** die Abende
der **Abfall,** die Abfälle
der **Affe,** die Affen
**alt**
die **Ameise,**
die Ameisen
die **Ampel,** die Ampeln
die **Angel,** die Angeln
**ängstlich**
**antworten,**
sie antwortet
der **Apfel,** die Äpfel
**arbeiten,**
er arbeitet
der **Arm,** die Arme
der **Ast,** die Äste
die **Aufgabe,**
die Aufgaben
**aufwachen,**
sie wacht auf
das **Auge,** die Augen
der **Ausflug,**
die Ausflüge
das **Auto,** die Autos
die **Axt,** die Äxte

**B**

das **Baby,** die Babys
**backen,** er backt
das **Bad,** die Bäder
**baden,** sie badet
der **Bagger,**
die Bagger
der **Ball,** die Bälle

die **Banane,**
die Bananen
die **Bank,** die Bänke
der **Bär,** die Bären
der **Bauch,** die Bäuche
**bauen,** sie baut
der **Bauer,** die Bauern
der **Baum,** die Bäume
der **Becher,** die Becher
die **Beere,** die Beeren
das **Beet,** die Beete
**beginnen,**
er beginnt
das **Bein,** die Beine
**bekommen,**
sie bekommt
**bellen,** er bellt
**bequem**
der **Berg,** die Berge
der **Besen,** die Besen
das **Bett,** die Betten
die **Beule,** die Beulen
sich **bewegen,**
sie bewegt sich
der **Bewohner,**
die Bewohner
**bezahlen,**
er bezahlt
die **Biene,** die Bienen
das **Bild,** die Bilder
**binden,** er bindet
die **Birne,** die Birnen
**bitten,** sie bittet
das **Blatt,** die Blätter
**blau**

**bleiben,** er bleibt
**blind**
**blühen,** es blüht
die **Blume,** die Blumen
die **Blüte,** die Blüten
der **Boden,** die Böden
das **Boot,** die Boote
**böse**
der **Boxer,** die Boxer
**brauchen,**
sie braucht
**braun**
**brav**
**breit**
**brennen,** es brennt
der **Brief,** die Briefe
die **Brille,** die Brillen
**bringen,** sie bringt
das **Brötchen,**
die Brötchen
das **Brot,** die Brote
die **Brücke,** die Brücken
der **Bruder,** die Brüder
das **Buch,** die Bücher
sich **bücken,**
er bückt sich
der **Bügel,** die Bügel
**bunt**
die **Burg,** die Burgen
der **Bus,** die Busse
der **Busch,** die Büsche
die **Butter**

 C

das **Camping**
der **Cent,** die Cents
die **City,** die Citys
der **Clown,** die Clown
die **Cola,** die Colas
der **Comic,** die Comics
der **Computer,**
   die Computer
der **Container,**
   die Container
die **Cornflakes**
die **Couch,** die Couchs
der **Cowboy,**
   die Cowboys
die **Creme,** die Cremes

 D

die **Dame,** die Damen
der **Dampf,** die Dämpfe
   **danken,** sie dankt
der **Daumen,**
   die Daumen
die **Decke,** die Decken
   **denken,** er denkt
   **dick**
der **Dieb,** die Diebe
der **Dinosaurier,**
   die Dinosaurier
die **Dose,** die Dosen
   **drucken,** sie druckt
   **dunkel**
   **dünn**

 E

das **Ei,** die Eier
der **Eimer,** die Eimer
das **Eis**
der **Elefant,**
   die Elefanten
die **Eltern**
die **E-Mail,** die E-Mails
das **Ende,** die Enden
   **eng**
die **Ente,** die Enten
die **Erde**
   **erfinden,**
   sie erfindet
der **Esel,** die Esel
   **essen,** er isst
die **Eule,** die Eulen
der **Euro,** die Euros

 F

das **Fach,** die Fächer
   **fahren,** sie fährt
das **Fahrrad,**
   die Fahrräder
   **fallen,** er fällt
   **falsch**
die **Familie,**
   die Familien
   **fangen,** er fängt
die **Farbe,** die Farben
   **fassen,** sie fasst
die **Feder,** die Federn
die **Fee,** die Feen
die **Feier,** die Feiern
   **fein**

das **Feld,** die Felder
das **Fell,** die Felle
das **Fenster,**
   die Fenster
die **Ferien**
   **finden,** sie findet
der **Finger,** die Finger
der **Fisch,** die Fische
die **Flasche,**
   die Flaschen
   **fliegen,** er fliegt
   **fließen,** es fließt
   **flitzen,** sie flitzt
der **Flügel,** die Flügel
   **flüssig**
   **folgen,** er folgt
das **Foto,** die Fotos
   **fragen,** sie fragt
die **Frau,** die Frauen
   **frech**
   **fremd**
die **Freude,** die Freuden
sich **freuen,** er freut sich
der **Freund,**
   die Freunde
   **freundlich**
die **Freundschaft,**
   die Freundschaften
   **frisch**
die **Frucht,** die Früchte
   **früh**
   **füllen,** sie füllt
der **Füller,** die Füller
der **Fuß,** die Füße
das **Futter**

› Rechtschreibhilfen verwenden: Wörterliste    › Siehe Seite 122

die **Gabel,** die Gabeln
der **Garten,** die Gärten
**gelb**
das **Geld,** die Gelder
**gehen,** er geht
**gehorsam**
das **Gemüse,** die Gemüse
das **Geschenk,** die Geschenke
das **Gesicht,** die Gesichter
**gestern**
**gesund**
die **Giraffe,** die Giraffen
**glotzen,** sie glotzt
das **Grab,** die Gräber
das **Gras,** die Gräser
**grau**
**groß**
**grün**
der **Gruß,** die Grüße
**gut**

das **Haar,** die Haare
**haben,** er hat
der **Hafen,** die Häfen
der **Hai,** die Haie
der **Hals,** die Hälse
**halten,** sie hält
der **Hammer,** die Hämmer

die **Hand,** die Hände
das **Handy,** die Handys
**hängen,** es hängt
**hart**
der **Hase,** die Hasen
das **Haus,** die Häuser
die **Haut,** die Häute
die **Hecke,** die Hecken
das **Heft,** die Hefte
**heiß**
**heißen,** er heißt
**helfen,** sie hilft
**hell**
das **Hemd,** die Hemden
der **Herr,** die Herren
**herstellen,** er stellt her
das **Herz,** die Herzen
das **Heu**
**heulen,** sie heult
**heute**
die **Hexe,** die Hexen
die **Hilfe,** die Hilfen
der **Himmel**
das **Hobby,** die Hobbys
**hocken,** er hockt
der **Hof,** die Höfe
**hoffen,** sie hofft
**holen,** er holt
**hören,** sie hört
das **Horn,** die Hörner
die **Hose,** die Hosen
der **Hummer,** die Hummer
der **Hund,** die Hunde

**hüpfen,** er hüpft
der **Hut,** die Hüte

der **Igel,** die Igel
die **Insel,** die Inseln
**interessant**

die **Jacke,** die Jacken
**jagen,** sie jagt
der **Jäger,** die Jäger
das **Jahr,** die Jahre
der **Junge,** die Jungen

der **Kalender,** die Kalender
**kalt**
die **Kanne,** die Kannen
die **Kasse,** die Kassen
die **Katze,** die Katzen
**kaufen,** er kauft
der **Kegel,** die Kegel
**kennen,** sie kennt
die **Kerze,** die Kerzen
das **Kind,** die Kinder
das **Kissen,** die Kissen
die **Kiste,** die Kisten
die **Klasse,** die Klassen
**kleben,** es klebt
der **Klee**

---

› Rechtschreibhilfen verwenden: Wörterliste    › Siehe Seite 122

 L

 M

| | | | | | | |
|---|---|---|---|---|---|

das **Kleid,** die Kleider
**klein**
**klettern,** er klettert
**klug**
die **Knospe,**
die Knospen
**knusprig**
der **Koch,** die Köche
**kochen,** er kocht
**kommen,**
sie kommt
der **König,** die Könige
**können,** er kann
der **Kopf,** die Köpfe
der **Korb,** die Körbe
das **Körbchen,**
die Körbchen
der **Körper,** die Körper
**krabbeln,**
es krabbelt
**krank**
**kratzen,** sie kratzt
das **Kraut,** die Kräuter
der **Kreis,** die Kreise
**kriechen,** er kriecht
**kritzeln,** sie kritzelt
das **Krokodil,**
die Krokodile
die **Küche,** die Küchen
der **Kuchen,** die Kuchen
der **Kugelfisch,**
die Kugelfische
die **Kuh,** die Kühe
**kurz**
**kuschelig**

**lachen,** er lacht
die **Lampe,**
die Lampen
**lang**
**langsam**
die **Laterne,**
die Laternen
**laufen,** sie läuft
**laut**
**leben,** er lebt
der **Lebensraum,**
die Lebensräume
**lecker**
**legen,** sie legt
**leicht**
**leider**
**leise**
die **Leiter,** die Leitern
**lernen,** er lernt
**lesen,** sie liest
**leuchten,**
es leuchtet
die **Leute**
das **Lexikon,** die Lexika
das **Licht,** die Lichter
**lieb**
das **Lied,** die Lieder
**liegen,** es liegt
**loben,** sie lobt
der **Löffel,** die Löffel
**lösen,** er löst
der **Löwe,** die Löwen
der **Lump,** die Lumpen
die **Lupe,** die Lupen
**lustig**

**machen,** sie macht
das **Mädchen,**
die Mädchen
**malen,** er malt
der **Maler,** die Maler
der **Mann,** die Männer
der **Mantel,** die Mäntel
die **Mauer,** die Mauern
die **Maus,** die Mäuse
**meckern,**
sie meckert
das **Meer,** die Meere
**melden,** er meldet
das **Messer,** die Messer
der **Meteorit,**
die Meteoriten
der **Meter,** die Meter
die **Minute,**
die Minuten
der **Mixer,** die Mixer
die **Möbel**
der **Monat,**
die Monate
das **Moor,** die Moore
das **Moos,** die Moose
**morgen**
**müde**
der **Mund,** die Münder
**munter**
die **Muschel,**
die Muscheln
**müssen,** er muss
**mutig**
die **Mutter,** die Mütter
die **Mütze,** die Mützen

› Rechtschreibhilfen verwenden: Wörterliste › Siehe Seite 122

| | |
|---|---|
| die | **Nacht,** die Nächte |
| die | **Nadel,** die Nadeln |
| der | **Nagel,** die Nägel |
| die | **Nahrung** |
| der | **Name,** die Namen |
| die | **Nase,** die Nasen |
| der | **Nebel,** die Nebel |
| | **nehmen,** sie nimmt |
| | **nett** |
| | **neu** |
| die | **Nixe,** die Nixen |
| die | **Nudel,** die Nudeln |
| die | **Nuss,** die Nüsse |

| | |
|---|---|
| | **oben** |
| das | **Obst** |
| der | **Ofen,** die Öfen |
| | **öffnen,** sie öffnet |
| das | **Ohr,** die Ohren |
| das | **Öl,** die Öle |
| die | **Oma,** die Omas |
| der | **Opa,** die Opas |
| der | **Ordner,** die Ordner |

| | |
|---|---|
| das | **Paar,** die Paare |
| | **packen,** er packt |
| der | **Papagei,** die Papageien |
| das | **Papier,** die Papiere |
| die | **Pause,** die Pausen |
| das | **Pferd,** die Pferde |

| | |
|---|---|
| | **pflanzen,** sie pflanzt |
| | **pflegen,** er pflegt |
| die | **Pfütze,** die Pfützen |
| der | **Pilz,** die Pilze |
| der | **Pinsel,** die Pinsel |
| der | **Platz,** die Plätze |
| | **platzen,** sie platzt |
| die | **Pommes** |
| das | **Pony,** die Ponys |
| die | **Puppe,** die Puppe |
| | **putzen,** er putzt |

| | |
|---|---|
| | **quadratisch** |
| | **quaken,** sie quakt |
| die | **Qualle,** die Quallen |
| der | **Quark** |
| der | **Quatsch** |
| die | **Quelle,** die Quellen |

| | |
|---|---|
| der | **Rabe,** die Raben |
| das | **Rad,** die Räder |
| der | **Rasen,** die Rasen |
| die | **Raupe,** die Raupe |
| | **rechnen,** er rechnet |
| | **reden,** sie redet |
| das | **Regal,** die Regale |
| der | **Regen** |
| der | **Regenwurm,** die Regenwürmer |
| | **reich** |

| | |
|---|---|
| der | **Reifen,** die Reifen |
| | **reisen,** sie reist |
| | **rennen,** er rennt |
| | **retten,** sie rettet |
| der | **Riese,** die Riesen |
| das | **Rind,** die Rinder |
| der | **Ring,** die Ringe |
| die | **Robbe,** die Robben |
| der | **Rock,** die Röcke |
| | **rollen,** er rollt |
| der | **Roller,** die Roller |
| der | **Rollstuhl,** die Rollstühle |
| die | **Rose,** die Rosen |
| | **rot** |
| der | **Rücken,** die Rücken |
| | **rufen,** sie ruft |
| | **rund** |

| | |
|---|---|
| der | **Saal,** die Säle |
| der | **Sack,** die Säcke |
| der | **Saft,** die Säfte |
| | **saftig** |
| das | **Salz** |
| | **sammeln,** er sammelt |
| der | **Sand** |
| | **sandig** |
| der | **Sandkasten,** die Sandkästen |
| | **satt** |
| der | **Satz,** die Sätze |
| | **sauber** |

| | | | | | |
|---|---|---|---|---|---|
| der | **Schatz,** die Schätze | | **schnell** | | **sehen,** sie sieht |
| | **schauen,** er schaut | | **schnitzen,** | die | **Seife,** die Seifen |
| der | **Schaum,** | | sie schnitzt | die | **Seite,** die Seiten |
| | die Schäume | die | **Schokolade,** | die | **Sekunde,** |
| | **scheinen,** | | die Schokoladen | | die Sekunden |
| | sie scheint | | **schön** | | **senden,** sie sendet |
| | **schenken,** | der | **Schrank,** | der | **Sessel,** die Sessel |
| | er schenkt | | die Schränke | das | **Sieb,** die Siebe |
| die | **Schere,** die Scheren | | **schreiben,** | | **singen,** er singt |
| die | **Scheune,** | | er schreibt | | **sinken,** es sinkt |
| | die Scheunen | der | **Schreibtisch,** | | **sitzen,** er sitzt |
| das | **Schild,** die Schilder | | die Schreibtische | die | **Socke,** die Socken |
| | **schlafen,** | | **schreien,** | | **sollen,** sie soll |
| | sie schläft | | sie schreit | die | **Sonne,** die Sonnen |
| | **schlagen,** | die | **Schrift,** | | **spannend** |
| | er schlägt | | die Schriften | | **sparen,** er spart |
| die | **Schlange,** | der | **Schuh,** die Schuhe | der | **Spatz,** die Spatzen |
| | die Schlangen | die | **Schule,** die Schulen | der | **Spiegel,** |
| | **schlau** | die | **Schüssel,** | | die Spiegel |
| der | **Schlauch,** | | die Schüsseln | | **spielen,** sie spielt |
| | die Schläuche | der | **Schwamm,** | die | **Spinne,** |
| | **schlecken,** | | die Schwämme | | die Spinnen |
| | er schleckt | der | **Schwan,** | der | **Sport** |
| | **schleichen,** | | die Schwäne | | **sprechen,** er spricht |
| | sie schleicht | | **schwarz** | | **springen,** |
| | **schmal** | | **schwatzen,** | | sie springt |
| | **schmücken,** | | er schwatzt | die | **Spritze,** |
| | er schmückt | | **schwer** | | die Spritzen |
| die | **Schnecke,** | die | **Schwester,** | | **spritzen,** er spritzt |
| | die Schnecken | | die Schwestern | der | **Stab,** die Stäbe |
| der | **Schnee** | | **schwimmen,** | die | **Stange,** |
| | **schneiden,** | | sie schwimmt | | die Stangen |
| | er schneidet | | **schwitzen,** | der | **Stängel,** |
| | **schneien,** | | er schwitzt | | die Stängel |
| | es schneit | der | **See,** die Seen | | **stark** |

| | | | | | | | |
|---|---|---|---|
| | **stehen,** sie steht | die | **Tafel,** die Tafeln | | **üben,** sie übt |
| der | **Stein,** die Steine | der | **Tag,** die Tage | die | **Uhr,** die Uhren |
| | **stellen,** er stellt | | **tanzen,** sie tanzt | der | **Uhu,** die Uhus |
| der | **Stempel,** die Stempel | die | **Tasche,** die Taschen | die | **Umweltkatastrophe,** die Umweltkatastrophen |
| der | **Stern,** die Sterne | die | **Tasse,** die Tassen | | **unten** |
| der | **Stift,** die Stifte | die | **Tatze,** die Tatzen | das | **Unterhemd,** die Unterhemden |
| | **still** | | **taub** | der | **Urlaub,** die Urlaube |
| die | **Stimme,** die Stimmen | | **tauchen,** er taucht | | |
| | **stinken,** es stinkt | das | **Taxi,** die Taxis | | |
| das | **Stockwerk,** die Stockwerke | der | **Teddy,** die Teddys | | |
| | **stolpern,** sie stolpert | der | **Tee,** die Tees | | |

- **stehen,** sie steht
- der **Stein,** die Steine
- **stellen,** er stellt
- der **Stempel,** die Stempel
- der **Stern,** die Sterne
- der **Stift,** die Stifte
- **still**
- die **Stimme,** die Stimmen
- **stinken,** es stinkt
- das **Stockwerk,** die Stockwerke
- **stolpern,** sie stolpert
- der **Strand,** die Strände
- der **Strauch,** die Sträucher
- sich **strecken,** er streckt sich
- **stricken,** sie strickt
- der **Stuhl,** die Stühle
- die **Stunde,** die Stunden
- **suchen,** er sucht
- die **Suppe,** die Suppen

- die **Tafel,** die Tafeln
- der **Tag,** die Tage
- **tanzen,** sie tanzt
- die **Tasche,** die Taschen
- die **Tasse,** die Tassen
- die **Tatze,** die Tatzen
- **taub**
- **tauchen,** er taucht
- das **Taxi,** die Taxis
- der **Teddy,** die Teddys
- der **Tee,** die Tees
- **teilen,** sie teilt
- **telefonieren,** er telefoniert
- das **Tier,** die Tiere
- der **Tisch,** die Tische
- die **Tomate,** die Tomaten
- die **Tonne,** die Tonnen
- das **Tor,** die Tore
- **tragen,** sie trägt
- der **Traum,** die Träume
- **traurig**
- **treffen,** er trifft
- die **Treppe,** die Treppen
- der **Trieb,** die Triebe
- **trinken,** sie trinkt
- die **Tulpe,** die Tulpen
- die **Tür,** die Türen
- der **Turm,** die Türme
- **turnen,** er turnt
- die **Tüte,** die Tüten

- **üben,** sie übt
- die **Uhr,** die Uhren
- der **Uhu,** die Uhus
- die **Umweltkatastrophe,** die Umweltkatastrophen
- **unten**
- das **Unterhemd,** die Unterhemden
- der **Urlaub,** die Urlaube

- die **Vase,** die Vasen
- der **Vater,** die Väter
- **verbessern,** sie verbessert
- **verbringen,** er verbringt
- **verfolgen,** sie verfolgt
- **verkaufen,** er verkauft
- der **Verkäufer,** die Verkäufer
- der **Verkehr**
- **verlassen,** sie verlässt
- sich **verlaufen,** er verläuft sich
- **verraten,** sie verrät
- **verschlafen,** er verschläft
- **verschwinden,** sie verschwindet
- **verstecken,** er versteckt

---

› Rechtschreibhilfen verwenden: Wörterliste      › Siehe Seite 122

**verstehen,**
sie versteht
**verstellen,**
er verstellt
**versuchen,**
sie versucht
sich **vertragen,**
er verträgt sich
**viel,** viele
der **Vogel,** die Vögel
**voll**
**vorfinden,**
sie findet vor
**vorführen,**
er führt vor
**vorlassen,**
sie lässt vor
**vorlaufen,**
er läuft vor
**vormachen,**
sie macht vor
**vorstellen,**
er stellt vor
der **Vulkan,** die Vulkane

die **Waage,**
die Waagen
der **Wagen,** die Wagen
der **Wal,** die Wale
der **Wald,** die Wälder
die **Wanne,**
die Wannen
**warm**

**warten,** sie wartet
**waschen,**
er wäscht
das **Wasser**
**wecken,** sie weckt
der **Wecker,** die Wecker
der **Weg,** die Wege
**weich**
**weiß**
**weit**
die **Welt**
**werden,** es wird
**werfen,** er wirft
das **Wetter**
die **Wiese,** die Wiesen
**wild**
der **Wind,** die Winde
**winken,** sie winkt
die **Wippe,** die Wippen
der **Wissenschaftler,**
die Wissenschaftler
die **Woche,** die Wochen
**wohnen,** er wohnt
die **Wolke,** die Wolken
die **Wolle**
**wollen,** sie will
das **Wort,** die Wörter
der **Wunsch,**
die Wünsche
sich **wünschen,**
er wünscht sich
der **Wurm,** die Würmer
die **Wurst,** die Würste
die **Wurzel,**
die Wurzeln

das **Xylofon,**
die Xylofone

der **Yak,** die Yaks
das **Yoga**

die **Zahl,** die Zahlen
**zählen,** sie zählt
der **Zahn,** die Zähne
der **Zebrastreifen,**
die Zebrastreifen
der **Zeh,** die Zehen
**zeigen,** er zeigt
die **Zeit,** die Zeiten
das **Zimmer,**
die Zimmer
der **Zoo,** die Zoos
der **Zucker**
die **Zunge,** die Zungen
der **Zwerg,** die Zwerge
die **Zwiebel,**
die Zwiebeln
**zwischen**

---

› Rechtschreibhilfen verwenden: Wörterliste    › Siehe Seite 122

# Übersicht zu den Kompetenzen

| Kapitel und Leitperspektive | Kompetenzbereich: Sprechen und Zuhören | Kompetenzbereich: Texte verfassen | Kompetenzbereich: Sprache untersuchen | Kompetenzbereich: Richtig schreiben | Digitale Kompetenzen |
|---|---|---|---|---|---|
| Seite 7–26<br><br>Kapitel 1:<br>**leben – lernen – respektieren**<br><br>Leitperspektive:<br>Bildung von Toleranz und Akzeptanz | • funktionsangemessen sprechen: erzählen, argumentieren<br>• sich an Gesprächen beteiligen<br>• Beobachtungen wiedergeben<br>• über Gefühle sprechen und auf die Befindlichkeiten anderer reagieren<br>• über persönliche Erlebnisse berichten: Freunde, Freundschaft<br>• über Lernerfahrungen sprechen<br>• Lernergebnisse präsentieren<br>• gemeinsam entwickelte Regeln beachten<br>• eigenen Lernstand einschätzen und Lernschritte planen | *Steckbrief* kennenlernen, planen, schreiben und überarbeiten<br>• Texte planen: Schreibideen entwickeln und sammeln<br>• sprachliche Mittel und Ideen sammeln<br>• Texte schreiben: eigene kurze Texte verfassen<br>• Texte schreiben: nach Mustern/Anregungen eigene Texte schreiben<br>• Texte präsentieren: Text für die Veröffentlichung aufbereiten<br>• Texte übersichtlich und zweckmäßig gestalten<br>• flüssig und gut lesbar schreiben | *Vokale* (Selbstlaute), *Konsonanten* (Mitlaute), *Umlaute* und *Zwielaute* kennenlernen<br>• mit Sprache spielerisch umgehen<br>• sprachliche Begriffe kennen und verwenden: Vokale und Konsonanten unterscheiden und benennen<br>• sprachliche Begriffe kennen und verwenden<br>• ähnlich klingende Laute unterscheiden<br>• Wörter strukturieren: *Silben*<br>• sprachliche Strukturen entdecken: Wörter in Silben zerlegen<br>• in Silben den Vokal/Silbenkern erkennen<br>• *Alphabet* kennen und nutzen<br>• sprachliche Begriffe kennen und verwenden: Alphabet als Ordnungssystem kennen und anwenden | Rechtschreibstrategien verwenden: *Mitsprechen, Schwingen*<br>• grammatisches Wissen für Rechtschreibung nutzen (-en, -el, -er)<br>• Rechtschreibgespür entwickeln<br>• methodisch sinnvoll abschreiben<br>• rechtschreibwichtige Wörter normgerecht schreiben<br>• Übungsformen selbstständig nutzen | • im Rahmen von (digitalen) Steckbriefen über Datenschutz nachdenken (Wer darf was über mich wissen? Warum sollen bestimmte Daten nicht veröffentlicht werden?)<br>• über den verantwortungsvollen Umgang mit den Daten anderer reflektieren<br>• |
| Seite 27–44<br><br>Kapitel 2:<br>**essen – bewegen – genießen**<br><br>Leitperspektive:<br>Prävention und Gesundheitsförderung | • über Lernerfahrungen sprechen (*Rätsel*)<br>• Beobachtungen wiedergeben<br>• sich an Gesprächen beteiligen<br>• funktionsangemessen sprechen: erzählen, argumentieren, vortragen<br>• gemeinsam entwickelte Regeln beachten<br>• Lernergebnisse präsentieren<br>• über Lernerfahrungen sprechen<br>• eigenen Lernstand einschätzen und Lernschritte planen | *Rätsel* kennenlernen, planen, schreiben und überarbeiten<br>• Texte planen: Schreibabsicht, Schreibsituation, Adressaten, Verwendungszusammenhang und Textsorte klären<br>• Texte planen: Wörter und Wortfelder sammeln<br>• Texte schreiben: zu einem Impuls frei schreiben<br>• Texte schreiben: Texte nach Mustern schreiben<br>• Texte in Bezug auf die äußere und sprachliche Gestaltung hin optimieren<br>• Texte präsentieren: Quizkarten/Rätselspiel | *Sätze, Satzarten* und *Satzschlusszeichen* kennenlernen<br>• Struktur eines Satzes erkennen<br>• Satzgrenzen, Satz als Sinneinheit erkennen<br>• Großschreibung am Satzanfang erkennen und anwenden<br>• grundlegende sprachliche Begriffe kennen: Satz, Punkt, Frage, Fragezeichen, Ausruf, Aufforderung, Ausrufezeichen<br>• Sätze bilden und Satzzeichen verwenden | Rechtschreibstrategien verwenden: *Verlängern*<br>• ähnliche Laute und Lautfolgen unterscheiden und sie den entsprechenden Buchstaben zuordnen<br>• über Fehlersensibilität verfügen<br>• rechtschreibwichtige Wörter normgerecht schreiben<br>• Übungsformen selbstständig nutzen | • zu Sachthemen recherchieren (Sportarten, Lebensmittel, Körper)<br>• Kindersuchmaschinen verwenden<br>• Browser kennenlernen<br>• Anleitung für Suchmaschinen anwenden<br>• |

| Kapitel und Leitperspektive | Kompetenzbereich: Sprechen und Zuhören | Kompetenzbereich: Texte verfassen | Kompetenzbereich: Sprache untersuchen | Kompetenzbereich: Richtig schreiben | Digitale Kompetenzen |
|---|---|---|---|---|---|
| Seite 45–62<br><br>Kapitel 3:<br>**beobachten – verstehen – schützen**<br><br>Leitperspektive:<br>Bildung für nachhaltige Entwicklung | • über Lernerfahrungen sprechen **(Gedichte, Treppengedichte)**<br>• Beobachtungen wiedergeben<br>• sich an Gesprächen beteiligen<br>• Lernergebnisse präsentieren<br>• über Lernerfahrungen sprechen<br>• eigenen Lernstand einschätzen und Lernschritte planen | **Treppengedichte** kennenlernen, planen, schreiben und präsentieren<br>• Texte planen: Schreibabsicht, Schreibsituation, Adressaten, Verwendungszusammenhang und Textsorte klären<br>• Texte schreiben: zu einem Impuls frei schreiben<br>• Texte schreiben: Texte nach Mustern schreiben<br>• spielerisch mit Sprache umgehen: Reimwörter<br>• Texte überarbeiten: Text an der Schreibaufgabe überprüfen<br>• Texte präsentieren<br>• flüssig und gut lesbar schreiben | **Nomen** und ihre Merkmale kennenlernen<br>• Nomen kennenlernen: Schiebewortprobe<br>• Leistungen von Wortarten untersuchen<br>• Funktion von Artikeln erkennen (bestimmter Artikel, unbestimmter Artikel)<br>• Nomen kennenlernen: Einzahl und Mehrzahl, Pluralbildung erforschen, bewusst machen, kategorisieren<br>• Nomen kennenlernen: Nomen als Name verwenden<br>• Wörter sammeln und ordnen: Oberbegriffe<br>• grundlegende sprachliche Begriffe kennen: Nomen, Artikel, Einzahl, Mehrzahl<br>• spielerisch mit Sprache umgehen<br>• Gemeinsamkeiten und Unterschiede von Sprachen entdecken | Rechtschreibstrategien verwenden: **Schiebewortprobe** (Nomen großschreiben)<br>• grammatisches Wissen für die Rechtschreibung nutzen (syntaxbezogene Großschreibung)<br>• über Fehlersensibilität verfügen<br>• rechtschreibwichtige Wörter normgerecht schreiben<br>• Übungsformen selbstständig nutzen | • zu Naturthemen recherchieren (Tiere, Pflanzen)<br>• Kindersuchmaschinen verwenden<br>• Browser kennenlernen<br>• Anleitung für Suchmaschinen anwenden<br>• Rechtschreibprüfung des PC nutzen<br>• |
| Seite 63–82<br><br>Kapitel 4:<br>**haben – wünschen – brauchen**<br><br>Leitperspektive:<br>Verbraucherbildung | • über Lernerfahrungen sprechen **(Nachrichten, Wünsche, Einladungen)**<br>• funktionsangemessen sprechen: informieren, erklären<br>• sich an Gesprächen beteiligen<br>• szenisch spielen<br>• über Lernerfahrungen sprechen<br>• eigenen Lernstand einschätzen und Lernschritte planen | Texte planen und schreiben: **Wünsche, Einladung**<br>• Texte planen: Schreibabsicht, Schreibsituation, Adressaten, Verwendungszusammenhang und Textsorte klären<br>• Texte planen: Einladung<br>• Texte schreiben: Wünsche und Einladung<br>• Texte überarbeiten: Einladung<br>• Texte an der Schreibaufgabe überprüfen<br>• Texte präsentieren: Nachrichten (auch als E-Mail) schreiben und versenden<br>• Texte für die Veröffentlichung aufbereiten<br>• mit Schrift gestalten | **Verben** kennenlernen<br>• Funktion von Verben erkennen<br>• Verben kennenlernen: Personenprobe als Verbprobe<br>• Personalformen kennenlernen und anwenden<br>• sprachliche Operationen nutzen: ergänzen<br>• Sätze mit einfachem Bauplan bilden<br>• grundlegende sprachliche Begriffe kennen: Verb, Personalform, Grundform | Rechtschreibstrategien verwenden: **Vokallänge** prüfen<br>• Lautqualität von Vokalen unterscheiden<br>• Länge von Vokalen untersuchen<br>• Konsonanten an der Silbenfuge untersuchen<br>• Wörter mit Doppelkonsonanz, tz und ck schreiben<br>• über Fehlersensibilität verfügen<br>• rechtschreibwichtige Wörter normgerecht schreiben<br>• Übungsformen selbstständig nutzen | • E-Mails schreiben und versenden<br>• E-Mails/Nachrichten von bekannten Absendern öffnen, lesen und wiedergeben<br>• Vorteile von E-Mails/digitalen Nachrichten gegenüber analogen Nachrichten erkennen<br>• |

141

# Übersicht zu den Kompetenzen

| Kapitel und Leitperspektive | Kompetenzbereich: Sprechen und Zuhören | Kompetenzbereich: Texte verfassen | Kompetenzbereich: Sprache untersuchen | Kompetenzbereich: Richtig schreiben | Digitale Kompetenzen |
|---|---|---|---|---|---|
| Seite 83–100<br><br>Kapitel 5:<br>**lesen – hören – sehen**<br><br>Leitperspektive:<br>Medienbildung | • über Lernerfahrungen sprechen (**Geschichten**)<br>• funktionsangemessen sprechen: beschreiben, erzählen<br>• sich an Gesprächen beteiligen<br>• szenisch spielen<br>• über Lernerfahrungen sprechen<br>• eigenen Lernstand einschätzen und Lernschritte planen | **Geschichten** planen, schreiben, überarbeiten und präsentieren<br>• Texte planen: Schreibabsicht, Schreibsituation, Adressaten, Verwendungszusammenhang und Textsorte klären<br>• Texte planen: Geschichtenweg und Wörtersammlung<br>• Texte schreiben: nach Anregung eigene Texte schreiben<br>• Texte schreiben: Geschichte<br>• Lernergebnisse geordnet festhalten<br>• Texte überarbeiten: Schreibkonferenz<br>• Textproduktion durch die Anwendung von sprachlichen Operationen unterstützen<br>• Texte präsentieren: Wandzeitung | **Adjektive** kennenlernen und verwenden<br>• Funktion von Adjektiven erkennen<br>• Leistungen von Wortarten untersuchen<br>• mit Sprache experimentell und spielerisch umgehen<br>• Wissen über Wortarten anwenden: genau beschreiben<br>• Merkmale von Adjektiven kennenlernen: Gegensätze<br>• sprachliche Begriffe kennen und verwenden: Adjektiv kennen und verwenden<br>• grundlegende sprachliche Begriffe kennen: Adjektiv, Gegensatz | Rechtschreibstrategien verwenden: **Merkwörter** üben<br>• Merkwörter mit C/c<br>• Merkwörter mit V/v<br>• Merkwörter mit X/x und Y/y<br>• Merkwörter mit Doppelvokal<br>• über Fehlersensibilität verfügen<br>• rechtschreibwichtige Wörter normgerecht schreiben<br>• Übungsformen selbstständig nutzen | • Medien beschreiben und begründen, wann welche Medien genutzt werden<br>• Medienkonsum reflektieren (Unterschied: Geschichten erzählen – Geschichten sehen)<br>• Inhalte von Medienangeboten wiedergeben |
| Seite 101–118<br><br>Kapitel 6:<br>**träumen – fragen – nachdenken**<br><br>Leitperspektive:<br>Lebens- und Berufsorientierung | • über Lernerfahrungen sprechen (**Fantasiegeschichten**)<br>• funktionsangemessen sprechen: erzählen<br>• sprachliche Mittel und Ideen sammeln<br>• sich an Gesprächen beteiligen<br>• über Lernerfahrungen sprechen<br>• eigenen Lernstand einschätzen und Lernschritte planen | **Fantasiegeschichte** (Entscheidungsgeschichte) planen, schreiben, überarbeiten und präsentieren<br>• Texte planen: Schreibabsicht, Schreibsituation, Adressaten, Verwendungszusammenhang und Textsorte klären<br>• Texte planen: Geschichtenweg und Wörtersammlung<br>• Texte schreiben: nach Anregung eigene Texte schreiben<br>• Texte schreiben: Geschichten flüssig und gut lesbar schreiben<br>• Texte überarbeiten: Schreibkonferenz<br>• Textproduktion durch die Anwendung von sprachlichen Operationen unterstützen<br>• Texte präsentieren: Geschichtenbuch | **Wortfamilien** kennenlernen und verwenden<br>• sprachliche Strukturen entdecken: Wörter mit gleichem Wortstamm bilden<br>• mit Sprache experimentell und spielerisch umgehen<br>• Möglichkeiten der Wortbildung kennen und nutzen<br>• sprachliche Strukturen entdecken: Wörter aus Wortfamilien verwenden<br>• Wortstamm erkennen<br>• Wortstamm erweitern: vorangestellte Wortbausteine<br>• Bedeutung von Wörtern untersuchen und reflektieren<br>• Bedeutung des Satzkerns erkennen<br>• grundlegende sprachliche Begriffe kennen: Wortstamm, Wortfamilie, Wortbaustein | Rechtschreibstrategien verwenden: auf den **Wortstamm** achten<br>• Stammkonstanz für die Rechtschreibung nutzen<br>• über Fehlersensibilität/ Rechtschreibgespür verfügen<br>• Laute und Lautfolgen den entsprechenden Buchstaben zuordnen<br>• morphematische Strategien anwenden: Wörter mit ä/äu ableiten<br>• über Fehlersensibilität verfügen<br>• rechtschreibwichtige Wörter normgerecht schreiben<br>• Übungsformen selbstständig nutzen | • Texte mit einem Textverarbeitungsprogramm gestalten (Geschichtenbuch)<br>• Texte eingeben, formatieren und gestalten |

| Kapitel und Leitperspektive | Kompetenzbereich: Sprechen und Zuhören | Kompetenzbereich: Texte verfassen | Kompetenzbereich: Sprache untersuchen | Kompetenzbereich: Richtig schreiben | Digitale Kompetenzen |
|---|---|---|---|---|---|
| Seite 119–130 **Tipps zum Lernen** | • Gedächtnistricks<br>• Halblaut lesen<br>• Lerngespräche führen<br>• Knacke den Code<br>• Zuhören und Fragen stellen<br>• Partnerarbeit<br>• Spielregeln festlegen | • Ordnung im Heft<br>• Richtig abschreiben<br>• Ideen-Lampe<br>• Schreibkonferenz für eine Gruppe<br>• Notizen schreiben<br>• Geschichtenpfad nutzen<br>• Texte korrigieren | | • Wörtertraining<br>• Wörter nachschlagen<br>• Wörter unter der Lupe | • E-Mails schreiben<br>• Informationen sammeln<br>• Kindersuchmaschine nutzen |
| Seite 131–139 **Wörterliste** | | | | | |

# Sprachbuch 2

**Erarbeitet von**
Olesia Belenko, Osnabrück
Ursula Emanuel, Nordstemmen
Marie-Claire Kirchhoff, Koblenz
Kerstin Schöning, Offenburg
Katharina Strick, Bremen

**Unter wissenschaftlicher Beratung von**
Prof. Dr. Tabea Becker, Hannover

**Illustriert von**
Cesare Asaro, Wien
Matthias Berghahn, Bielefeld
Zapf, Wien

Viele Grüße!
Euer LUPE-Team

Bildquellen: |iStockphoto.com, Calgary: konradlew 59; michelangeloop 59; Nehring, Nancy 46; RT-Images 57. |PantherMedia GmbH (panthermedia.net), München: mikelane45 46. |Shutterstock.com, New York: Aunion, Juan 45. |stock.adobe.com, Dublin: denisgorelkin 127.

© 2019 Bildungshaus Schulbuchverlage Westermann Schroedel Diesterweg Schöningh Winklers GmbH, Georg-Westermann-Allee 66, 38104 Braunschweig
www.westermann.de

Druck A$^5$ / Jahr 2023
Alle Drucke der Serie A sind im Unterricht parallel verwendbar.

Redaktion: Nicole Amrein
Gesamtlayout: blum design und kommunikation GmbH, Hamburg
Umschlaggestaltung: blum design und kommunikation GmbH, Hamburg; mit Illustrationen von Zapf
Layout: PER Medien, Braunschweig
Druck und Bindung: Westermann Druck Zwickau GmbH, Crimmitschauer Straße 43, 08058 Zwickau

ISBN 978-3-14-**141329**-8